Sérgio Simka (Coordenação)
Sandro Costa Gonçalves

Entender Finanças Comportamentais

NÃO É UM BICHO-DE-SETE-CABEÇAS

EDITORA CIÊNCIA MODERNA

Entender Finanças Comportamentais Não É um Bicho de Sete Cabeças

Editor: Paulo André P. Marques
Produção Editorial: Dilene Sandes Pessanha
Capa: Daniel Jara
Diagramação: Daniel Jara
Copidesque: Equipe Ciência Moderna

FICHA CATALOGRÁFICA

SIMKA, Sérgio (Coordenação); GONÇALVES, Sando Costa.

Entender Finanças Comportamentais Não É um Bicho de Sete Cabeças

Rio de Janeiro: Editora Ciência Moderna Ltda., 2025.

1. Economia Financeira 2 Finanças Pessoais
I — Título

ISBN: 978-65-5842-471-0 CDD 332.024

Editora Ciência Moderna Ltda.
R. Alice Figueiredo, 46 – Riachuelo
Rio de Janeiro, RJ – Brasil CEP: 20.950-150
Tel: (21) 2201-6662/ Fax: (21) 2201-6896
E-MAIL: LCM@LCM.COM.BR
WWW.LCM.COM.BR **07/25**

Prefácio

Escrever esse livro foi mais do que um exercício técnico: foi um mergulho em décadas de experiências, desafios e descobertas. Ao longo dos meus 37 anos de carreira, grande parte deles vividos no mercado financeiro — seja no universo das finanças empresariais ou pessoais — aprendi que números contam histórias, mas são as pessoas que escrevem os enredos.

Durante o mestrado em Ciências Ambientais, descobri que meio ambiente é muito mais do que florestas, mares e o céu — como eu imaginava com a visão limitada de quem ainda estava começando a entender o tema. Compreendi que o meio ambiente é tudo aquilo que nos cerca, sustenta a vida e se transforma através das nossas interações. Somos parte dele. Nossas atitudes, comportamentos, decisões e relações constroem e impactam o ambiente em que vivemos. Finanças, pessoas, organizações, lares e comunidades fazem parte desse ecossistema. Essa percepção ampliada me ajudou a enxergar com mais clareza a importância das escolhas conscientes — não apenas no campo ambiental, mas também no modo como conduzimos nossa vida pessoal, profissional e financeira.

Sou formado em Administração de Empresas, com especializações em Finanças e em Gestão de Pessoas. Essa combinação não aconteceu por acaso. Sempre acreditei que finanças não existem sem pessoas. Por mais que estejamos cercados de planilhas, projeções e estratégias, no centro de tudo estão os comportamentos, emoções, crenças e decisões humanas. Pessoas geram finanças. Pessoas constroem ou destroem resultados.

Ao longo dos anos, percebi algo que me marcou profundamente: os maiores desafios financeiros que testemunhei nunca foram apenas sobre dinheiro. Eram, quase sempre, sobre pessoas lidando com o dinheiro — com suas inseguranças, seus medos, seus sonhos, suas histórias. O sucesso ou o insucesso financeiro raramente depende exclusivamente de números. Ele depende, essencialmente, de como cada um lida e se relaciona com o dinheiro.

Essa percepção despertou em mim uma inquietação e também um propósito: ajudar as pessoas a entenderem que finanças comportamentais não são um bicho de sete cabeças, mas sim uma ponte possível entre razão e emoção, entre planejamento e bem-estar.

Entendo profundamente o valor do conhecimento. Ao longo da minha formação e carreira, ele sempre esteve presente como ferramenta essencial. Mas também compreendi, com a prática, que o conhecimento por si só não é suficiente para garantir o sucesso financeiro. É o comportamento diante das decisões financeiras, o modo como o conhecimento é aplicado no dia a dia, que faz toda a diferença. Saber o que fazer é importante, mas fazer o que se sabe — com disciplina, consciência e equilíbrio — é o que realmente transforma a realidade. Escrevi este livro com o desejo de tornar esse universo acessível, prático e humano. Espero que, ao percorrer estas páginas, você possa se reconhecer, se surpreender e, principalmente, encontrar caminhos mais conscientes e saudáveis para sua vida financeira — e pessoal.

Agradecimentos

Escrever este livro foi mais do que reunir ideias — foi revisitar memórias, aprendizados e reafirmar algo em que sempre acreditei: finanças são, acima de tudo, sobre pessoas. E o verdadeiro valor do dinheiro está na forma como escolhemos viver e nos relacionar com ele.

Agradeço a Deus pela oportunidade desta existência, por me conduzir com saúde, fé e propósito ao longo de tantos anos de jornada.

Aos meus pais, que me ensinaram com amor e exemplo o valor da educação e da integridade. Aos meus irmãos, pelos risos e desafios compartilhados — cada etapa nos fortaleceu.

À minha família, em todos os ciclos da vida, minha gratidão sincera. À minha filha amada, por me ensinar sobre sensibilidade, escuta e novos olhares. À minha esposa virtuosa, por acreditar em mim, mesmo quando os caminhos pareciam incertos — seu amor e apoio foram fundamentais.

Aos professores que marcaram minha formação desde os primeiros anos até hoje, meu sincero reconhecimento pelo ensinamento, inspiração e incentivo. Aos colegas de jornada — da docência, da vida profissional e dos estudos —, obrigado pelas trocas, aprendizados e pela companhia ao longo do caminho. Aos meus alunos, fonte constante de aprendizado e inspiração, meu agradecimento especial — cada encontro com vocês renova meu propósito.

A todos que acreditaram em mim e me deram oportunidades ao longo da caminhada, meu muito obrigado.

E à equipe da editora, obrigado pelo cuidado em cada detalhe deste projeto. Muito obrigado a todos que, de alguma forma, fazem parte desta história.

Introdução

Falar sobre finanças comportamentais é, antes de tudo, falar sobre gente. É entender que, por trás de cada decisão financeira — por menor ou maior que seja — existe uma pessoa com uma história, uma percepção sobre o dinheiro, uma motivação e, muitas vezes, uma série de dúvidas e emoções.

O mundo moderno nos exige cada vez mais conhecimento técnico e informação sobre finanças. E, de fato, o conhecimento é uma ferramenta poderosa. No entanto, ao longo da minha trajetória profissional, pude observar que o conhecimento, por si só, não basta. Saber o que fazer é importante, mas como se lida com esse saber, como se reage diante das situações reais, como se decide no cotidiano — isso é o que define o sucesso financeiro.

A essência das finanças não está apenas nos números, mas nas pessoas que os gerenciam. Foi com esse entendimento que, além da formação em Administração de Empresas, busquei especializações em Finanças e em Gestão de Pessoas. Sempre acreditei — e continuo acreditando — que finanças sem pessoas não existem. São as pessoas que dão sentido ao dinheiro, que atribuem valor aos bens e que decidem sobre os recursos.

Com o tempo, essa percepção se aprofundou. Percebi que os maiores desafios financeiros com os quais me deparei não eram sobre dinheiro em si, mas sobre comportamento: inseguranças, medos, impulsos, sonhos e crenças. E isso se agravou em tempos recentes, diante de uma avalanche de estímulos promovidos pelas mídias e redes sociais, que exalam uma busca desenfreada por riqueza e ostentação. Vivemos um momento em que o "ficar rico rápido" é valorizado acima do esforço, do estudo, da trajetória — como se resultados sólidos pudessem ser alcançados sem preparo ou comprometimento.

Essa narrativa irreal gera um fenômeno preocupante: comparações desproporcionais. As pessoas são incentivadas a medir seu valor por padrões inalcançáveis, ignorando que cada ser humano tem histórias, contextos e realidades singulares. O risco dessa indução coletiva é perder de vista o que realmente importa: o equilíbrio, a saúde emocional, os valores pessoais e o significado verdadeiro do dinheiro em nossas vidas.

Acredito, sinceramente, que a felicidade e o equilíbrio podem ser mais importantes que a riqueza material. Que o caminho importa mais que o destino. Que antes da riqueza, vem o conhecimento, a capacitação, o trabalho, a dedicação e o comprometimento. Que a riqueza pode até vir — e é legítimo que venha —, mas como consequência de um processo bem conduzido, com base em valores sólidos e escolhas conscientes.

Este livro nasce dessa convicção. Ele foi construído com o propósito de tornar mais compreensível a interação entre emoção, razão e dinheiro, apresentando os principais conceitos da economia comportamental e sua aplicação prática em decisões pessoais, corporativas e de mercado.

A proposta não é esgotar o tema, mas trazer luz, clareza e aplicabilidade, permitindo que você, leitor ou leitora, compreenda que finanças comportamentais não são um bicho de sete cabeças, mas uma ferramenta acessível que pode transformar a forma como você entende e conduz sua vida financeira.

Os capítulos foram organizados para seguir um raciocínio lógico e progressivo, partindo dos fundamentos e significados do dinheiro até temas mais complexos como vieses cognitivos, decisões sob risco, armadilhas de mercado, felicidade e planejamento de vida.

Que este livro seja um convite à reflexão e à mudança de perspectiva. Que ele te ajude a olhar para o dinheiro não apenas como um recurso, mas como um espelho das suas decisões, valores e prioridades.

Siglas

ANBIMA – Associação Brasileira das Entidades dos Mercados Financeiro e de Capitais.

BACEN – Banco Central do Brasil

BNCC – Base Nacional Comum Curricular

CNC – Confederação Nacional do Comércio de Bens, Serviços e Turismo

CVM – Comissão de Valores Mobiliários

ESG (Environmental, Social, and Governance) – Ambiental, Social e Governança

FIB – Felicidade Interna Bruta

IBGE – Instituto Brasileiro de Geografia e Estatística

ILF – Índice de Letramento Financeiro (indicador que mede o conhecimento, as habilidades e as atitudes dos indivíduos em relação às finanças)

IPEA Instituto de Pesquisa Econômica Aplicada

I-SFB – Índice de Saúde Financeira do Brasileiro

MPEs – Micro e Pequenas Empresas

ODS – Objetivos de Desenvolvimento Sustentável

OMS – Organização Mundial da Saúde

ONU – Organização das Nações Unidas

OPAS – Organização Pan-Americana da Saúde (A **OPAS** é o escritório regional da Organização Mundial da Saúde **(OMS)** para as Américas)

PIB – Produto Interno Bruto

SEBRAE – Serviço Brasileiro de Apoio às Micro e Pequenas Empresas

SMART – Específica, Mensurável, Atingível, Relevante e Temporal

Sumário

Prefácio III
Agradecimentos V
Introdução VII
Siglas IX

Capítulo 1 - Finanças Comportamentais: Entenda de Onde Viemos e para Onde Vamos 1
1.1 Finanças Comportamentais: Onde Tudo Começa 1
1.2 Economia Tradicional 1
1.3 Economia Comportamental 2
1.4 Finanças Comportamentais 2
1.5 Origens das Finanças Comportamentais 2
1.6 Conceitos Fundamentais 3
1.7 Diferença entre Finanças Tradicionais e Finanças Comportamentais 4
1.8 Aplicações Práticas 5

Capítulo 2 - Mentalidade Financeira 7
2.1 A Base Humana da Mentalidade Financeira 7
2.2 O que é Mentalidade Financeira? 9
2.3 Tipos de Mentalidade Financeira 9
2.4 Como a Mentalidade Influencia o Comportamento Financeiro 10
2.5 Crenças Limitantes e Potencializadoras 10
2.6 O Papel da Educação e do Autoconhecimento 10
2.7 Mentalidade Financeira e Sustentabilidade 11

Capítulo 3 - Dinheiro e Seus Significados 15
3.1 O Dinheiro como Meio e Fim 15
3.2 Dinheiro e Valores Pessoais 16
3.3 A Relação Emocional com o Dinheiro 17
3.4 Dinheiro e Cultura 18
3.5 O Significado do Dinheiro ao Longo da Vida 18
3.6 A Sociedade e o Dinheiro 19

Capítulo 4 - Comportamento Humano e Dinheiro 21
4.1 O Dinheiro Vai Muito Além do Valor Monetário 21
4.2 O Custo Invisível do Descontrole Financeiro 21
4.3 Uma Relação a Ser Curada 23

Capítulo 5 - O Conhecimento Liberta: A Base para Escolhas Conscientes 25
5.1 A Ilusão da Suficiência 28
5.2 O Poder Transformador da Informação Aplicada 28
5.3 Conhecimento é o Começo, Não o Fim 29

Capítulo 6 - Tomada de Decisão 31
6.1 Decisões Movidas por Impulso ou Propósito? 31
6.2 Decidir Exige Consciência 32
6.3 Informação não Basta: é Preciso Aplicar 32
6.4 Decisões Conscientes Moldam Destinos 33

Capítulo 7 - O Poder do Autoconhecimento nas Finanças 35
7.1 O que é o Autoconhecimento? 35
7.2 A Relação Entre Autoconhecimento e Decisões Financeiras 35

Capítulo 8 - As Armadilhas Mentais que Sabotam suas Finanças 37
8.1 Heurísticas e Vieses Cognitivos: Por Que a Mente Nem Sempre é Racional 37
8.2 Vieses Cognitivos 40
8.3 Psicologia dos Preços 45
8.4 Vendas e Suas Armadilhas 46
8.5 Risco e Incerteza 46
8.6 Escolhas no Tempo 47
8.7 Golpes Financeiros 47

Capítulo 9 - Conflitos e Dinheiro 49
9.1 O Impacto nas Relações Pessoais e Familiares 49
9.2 O Dinheiro no Ambiente Profissional 50
9.3 Estratégias para Resolver Conflitos Financeiros 50
9.4 O Dinheiro como Reflexão de Valores 51

Capítulo 10 - Educação Financeira 53
10.1 Educação 53
10.2 Educação Financeira 53
10.3 A Importância da Educação Financeira 54

Capítulo 11 - Comportamento do Mercado 57

Capítulo 12- Dinheiro e Felicidade 59
12.1 O Paradoxo do Dinheiro e a Felicidade 59
12.2 Como o Dinheiro Pode Impactar a Felicidade? 60
12.3 A Busca pelo Equilíbrio: O Papel da Felicidade Interna Bruta (FIB) 60
12.4 A Relação entre Dinheiro e Satisfação Pessoal 61
12.5 O Valor do Dinheiro 61
12.6 A Ilusão do Imediatismo e a Corrida Pela Felicidade 62
12.7 O Impacto do Dinheiro nas Relações Pessoais e na Felicidade 63

Capítulo 13 - Finanças Comportamentais, Sustentabilidade e Impacto Social 65
13.1 Conexão com os Objetivos de Desenvolvimento Sustentável (ODS) 65
13.2 A BNCC e a Formação para a Sustentabilidade 69
13.3 ESG e Finanças Comportamentais: Como Incorporar Sustentabilidade nas Decisões de Investimento 69
13.4 Empreendedorismo Social e Finanças Comportamentais: A Busca pelo Impacto Positivo 70

Capítulo 14 - Finanças Comportamentais e Espiritualidade 73
14.1 Tomada de Decisão e Consciência Pessoal 73
14.2 Desapego e Consumo Consciente 73
14.3 A Gratidão e a Percepção de Abundância 74
14.4 Propósito e Equilíbrio 74

Capítulo 15 - Histórias Reais: Sucessos, Alertas e Aprendizados em Finanças 77

Capítulo 16 - Como Transformar sua Vida Financeira: Ferramentas e Práticas Reais 91
16.1 A Importância do Autoconhecimento em Ação 91
16.2 O Poder dos Pequenos Hábitos 92

16.3 A Técnica SMART: Metas Concretas e Alinhadas 92
16.4 Enfrentando os Desafios da Mudança 93
16.5 Cuidado com a Autossabotagem 93
16.6 Para Refletir e Colocar em Prática: 94
16.7 Diagnóstico Pessoal 94
16.8 Planilha da Realidade 95
16.9 Metas com Propósito 95
16.10 Agenda da Consciência Financeira 96
16.11 Reunião com Você Mesmo 96
16.12 Alinhe Finanças e Valores 97
16.13 Práticas Simples para Criar Novos Hábitos 97
16.14 Carta ao Futuro 97

Capítulo 17 - Finanças Comportamentais nas Micro e Pequenas Empresas 99
17.1 Decisões Empresariais sob Influência Emocional 100
17.2 Vieses Cognitivos Mais Comuns no Dia a Dia das MPEs 102
17.3 Comportamento Financeiro e Fluxo de Caixa 104
17.4 Tomada de Decisão e Planejamento 105
17.5 A Importância da Visão de Longo Prazo 106
17.6 Ferramentas e Sugestões Práticas 107

Considerações Finais 111

Referências Bibliográficas 115

Capítulo 1

Finanças Comportamentais: Entenda de Onde Viemos e para Onde Vamos

Você já parou para pensar por que muitas pessoas gastam mais do que ganham, mesmo sabendo das consequências? Ou por que tomam decisões financeiras impulsivas que depois se arrependem? A resposta pode estar além da matemática e da lógica: ela habita nossa mente, emoções, memórias e até na forma como fomos criados.

Neste capítulo, você vai conhecer o fascinante campo das Finanças Comportamentais — um elo entre economia, psicologia e comportamento humano. Entender esse universo é o primeiro passo para desenvolver uma nova relação com o dinheiro: mais consciente, equilibrada e alinhada com seus valores e objetivos de vida.

1.1 Finanças Comportamentais: Onde Tudo Começa

Para compreender as Finanças Comportamentais de forma mais ampla, é importante situá-las dentro de um contexto maior. Elas não surgem isoladas, mas como uma especialização dentro de um campo mais abrangente da ciência econômica.

1.2 Economia Tradicional

A Economia é a ciência social que estuda a produção, distribuição e consumo de bens e serviços. Seu objetivo central é entender como os indivíduos, empresas e governos tomam decisões diante da escassez de recursos. Tradicionalmente, parte-se do princípio de que os agentes econômicos são racionais e buscam sempre maximizar seus interesses com base em informações disponíveis.

1.3 Economia Comportamental

A Economia Comportamental surge como uma crítica e um complemento às abordagens tradicionais. Ela integra conceitos da Psicologia para explicar por que, na prática, as pessoas nem sempre tomam decisões racionais. Ao considerar emoções, impulsos e fatores sociais e cognitivos, a Economia Comportamental oferece uma visão mais realista do comportamento humano no contexto econômico.

1.4 Finanças Comportamentais

Dentro da Economia Comportamental, encontramos as Finanças Comportamentais — uma vertente específica que foca no comportamento financeiro dos indivíduos. Elas investigam por que tomamos certas decisões com o dinheiro, como reagimos a perdas, ganhos, riscos e incertezas, e de que forma fatores psicológicos e sociais influenciam nossas escolhas financeiras.

Essa sequência — da Economia clássica à Economia Comportamental, culminando nas Finanças Comportamentais — permite uma visão mais completa e integradora. Agora que você entende esse percurso, vamos explorar com mais profundidade as origens das **Finanças Comportamentais** e como elas desafiam os modelos econômicos tradicionais.

1.5 Origens das Finanças Comportamentais

O surgimento das Finanças Comportamentais se deu a partir das limitações percebidas nas teorias econômicas tradicionais, que partem da premissa de que os seres humanos são agentes racionais, que tomam decisões lógicas, previsíveis e calculadas.

Entretanto, na prática, as escolhas financeiras nem sempre seguem essa lógica. Muitas vezes, são influenciadas por emoções, impulsos, crenças e contextos sociais. Foi então que estudiosos começaram a unir conceitos da Psicologia Cognitiva com a Economia, dando origem a uma nova abordagem: **as Finanças Comportamentais.**

Entre os nomes mais relevantes, destacam-se:

- Daniel Kahneman e Amos Tversky, com estudos sobre heurísticas e vieses cognitivos — Kahneman, inclusive, ganhou o Nobel de Economia em 2002 por seu trabalho nessa área;
- Richard Thaler, outro Nobel (2017), que introduziu conceitos como ***nudge*** (empurrãozinho) e economia comportamental aplicada;
- Dan Ariely, que explora como tomamos decisões irracionais de forma sistemática.

1.6 Conceitos Fundamentais

As Finanças Comportamentais se baseiam em pilares que ajudam a compreender o comportamento humano diante do dinheiro:

- **Racionalidade limitada:** as pessoas não têm tempo, informações completas ou capacidade mental para avaliar todas as possibilidades antes de tomar decisões. Usam atalhos mentais (heurísticas).
- **Vieses cognitivos:** são distorções sistemáticas de julgamento que nos levam a decisões equivocadas, como o viés de confirmação, excesso de confiança, aversão à perda, efeito manada, entre outros.
- **Emoções nas decisões financeiras:** medo, euforia, arrependimento e esperança influenciam diretamente escolhas de consumo, investimento e endividamento.

1.7 Diferença entre Finanças Tradicionais e Finanças Comportamentais

As Finanças Tradicionais e as Finanças Comportamentais apresentam abordagens distintas sobre como as pessoas tomam decisões econômicas e lidam com o dinheiro. Enquanto a primeira parte de uma visão mais racional e matemática do comportamento humano, a segunda considera os limites da racionalidade, as emoções e os contextos sociais.

Nas Finanças Tradicionais, parte-se da premissa de que o ser humano é racional, calculista e busca sempre maximizar sua utilidade pessoal. Os mercados, por sua vez, são considerados eficientes e previsíveis, ou seja, os preços refletem todas as informações disponíveis e os investidores tomam decisões de forma lógica e informada. Essa abordagem baseia-se fortemente em modelos matemáticos e estatísticos para explicar e prever o comportamento dos agentes econômicos.

Já as Finanças Comportamentais propõem uma perspectiva mais realista e humana. Nessa abordagem, o ser humano é entendido como um ser emocional, sujeito a erros de julgamento, impulsos, crenças limitantes e racionalidade limitada. Os mercados, portanto, não são totalmente eficientes, pois estão sujeitos a flutuações comportamentais, bolhas especulativas e reações coletivas desproporcionais.

Enquanto as Finanças Tradicionais trabalham com o conceito do ***homo economicus*** — um agente idealmente racional e previsível —, as Finanças Comportamentais lidam com o ser humano real: contraditório, emocional, influenciado por experiências passadas, pela cultura e por diversos fatores externos. Essa abordagem utiliza evidências empíricas, estudos psicológicos e análises do comportamento para compreender melhor como as decisões financeiras são realmente tomadas no dia a dia.

Comparativo: Finanças Tradicionais x Finanças Comportamentais

Aspecto	Finanças Tradicionais	Finanças Comportamentais
Natureza do ser humano	Racional, calculista, maximizador de utilidade	Emocional, com racionalidade limitada
Modelo teórico	***Homo economicus*** (ideal racional)	Ser humano real, com emoções, vieses e contradições
Funcionamento dos mercados	Eficientes e previsíveis	Influenciados por comportamentos coletivos e irracionalidades
Base de análise	Modelos matemáticos e estatísticos	Evidências empíricas e estudos da Psicologia e da Cognição
Tomada de decisão	Lógica, informada e otimizada	Impulsiva, influenciada por vieses cognitivos e emoções
Visão sobre erros	Erros são exceções, atribuídos à falta de informação	Erros são comuns e fazem parte da natureza humana
Objetivo principal	Maximizar retorno ajustado ao risco	Compreender e melhorar decisões financeiras reais

1.8 Aplicações Práticas

A importância deste campo vai além da teoria. Veja algumas aplicações:

- **Na vida pessoal:**
  – Evitar compras por impulso
  – Criar orçamentos realistas
  – Investir com mais consciência
  – Desenvolver hábitos financeiros saudáveis

- **Na sociedade:**
  - Políticas públicas para incentivo à poupança
  - Educação financeira nas escolas
  - Criação de produtos e serviços mais humanizados

Por que esse conhecimento é importante?
Compreender os princípios das Finanças Comportamentais pode ser **transformador**, pois:

- Ajuda a tomar **decisões mais conscientes** e alinhadas com seus objetivos;
- Permite **reconhecer armadilhas emocionais** e cognitivas no cotidiano;
- Estimula **o autoconhecimento** e o equilíbrio entre razão e emoção;
- Contribui para uma **sociedade financeiramente mais saudável**, crítica e preparada.

Agora que entendemos o que são Finanças Comportamentais e sua relevância, seguimos para um ponto essencial: **a mentalidade financeira.** A forma como pensamos e sentimos em relação ao dinheiro é a base para mudar comportamentos, criar novos hábitos e construir uma vida mais próspera e equilibrada.

Capítulo 2

Mentalidade Financeira

Você já se perguntou por que algumas pessoas conseguem lidar bem com o dinheiro, mesmo sem ganhar muito, enquanto outras enfrentam dificuldades financeiras, mesmo com rendas elevadas? A resposta pode estar menos na quantia de dinheiro que se tem e mais na forma como se pensa e se sente sobre ele. Este capítulo mergulha na ideia de **mentalidade financeira,** um elemento essencial para transformar hábitos e conquistar autonomia econômica.

2.1 A Base Humana da Mentalidade Financeira

Antes de falar sobre hábitos financeiros, investimentos ou planejamento, é importante lembrar: finanças comportamentais não começam no bolso — começam na mente e no coração.

Nossas decisões financeiras são moldadas por uma complexa rede de pensamentos, emoções, crenças e comportamentos automáticos. Conhecer esses elementos é fundamental para entender por que, muitas vezes, agimos de forma diferente do que "sabemos ser o melhor".

Veja a seguir alguns conceitos essenciais para compreendermos a base humana da nossa mentalidade financeira:

Elemento	Explicação
Psicologia	É a ciência que estuda o comportamento humano e os processos mentais — como sentimos, pensamos e agimos no mundo.
Emoções	São reações automáticas e intensas a eventos internos ou externos. Medo, alegria, raiva e tristeza, por exemplo, influenciam nossas decisões financeiras sem que percebamos.
Gestão de Emoções	Refere-se à habilidade de reconhecer, compreender e regular as próprias emoções. No contexto financeiro, significa não agir por impulso diante de perdas, ganhos ou pressões sociais.
Pensamentos	São interpretações e avaliações que fazemos sobre o que nos acontece. Um pensamento pode gerar esperança ou preocupação — e impactar diretamente nossa maneira de gastar, economizar ou investir.
Sentimentos	São a experiência mais consciente das emoções. Enquanto a emoção é rápida e intensa, o sentimento permanece e pode orientar atitudes duradouras.
Crenças	São convicções profundas que desenvolvemos sobre o mundo, o dinheiro, o sucesso e nós mesmos. Muitas vezes, nem percebemos que nossas crenças estão guiando nossos comportamentos financeiros.
Hábitos	São padrões de comportamento que se tornam automáticos pela repetição. Bons hábitos financeiros, como poupar regularmente, são construídos com pequenas ações diárias conscientes.

Entender essa base é o primeiro passo para transformar não apenas como lidamos com o dinheiro, mas também a nossa relação com nós mesmos.

Ao longo deste livro, vamos percorrer exatamente esse caminho: do autoconhecimento à ação consciente.

2.2 O que é Mentalidade Financeira?

Mentalidade financeira é o conjunto de crenças, pensamentos, emoções e padrões de comportamento que moldam a forma como uma pessoa se relaciona com o dinheiro. É como se fossem "óculos" invisíveis que usamos para enxergar o mundo financeiro — e que influenciam diretamente as nossas decisões.

Essa mentalidade é construída ao longo da vida, com base na educação recebida, nas experiências pessoais, nos exemplos familiares e até nas narrativas culturais sobre dinheiro, riqueza, sucesso e consumo.

2.3 Tipos de Mentalidade Financeira

Embora cada pessoa tenha um perfil único, é possível identificar alguns padrões de mentalidade que se repetem com frequência:

- **Mentalidade de escassez:** Enxerga o dinheiro como algo sempre insuficiente. Gera ansiedade, medo e decisões impulsivas.
- **Mentalidade de abundância:** Valoriza o planejamento, enxerga o dinheiro como uma ferramenta de construção e acredita na capacidade de gerar recursos.
- **Mentalidade consumista:** Está atrelada ao prazer imediato e à busca de ***status*** social, muitas vezes negligenciando as consequências futuras.
- **Mentalidade de preservação:** Foca na segurança e estabilidade, podendo evitar riscos até mesmo quando são oportunidades saudáveis.

2.4 Como a Mentalidade Influencia o Comportamento Financeiro

A forma como pensamos sobre dinheiro interfere diretamente em como o usamos. Uma mentalidade voltada ao consumo desenfreado tende a gerar dívidas e frustrações, enquanto uma mentalidade consciente favorece decisões equilibradas, como economizar, investir e buscar aprendizado contínuo.
Estudos mostram que mudar a mentalidade pode ter mais impacto do que simplesmente aumentar a renda. Afinal, sem consciência, mais dinheiro pode significar apenas mais gastos.

2.5 Crenças Limitantes e Potencializadoras

As crenças que carregamos sobre dinheiro podem ser invisíveis, mas moldam decisões todos os dias:

- "Dinheiro é sujo"
- "Nunca vou conseguir juntar dinheiro"
- "Quem enriquece perde valores"
- "Pobre nasce pobre e morre pobre"

Essas crenças limitantes precisam ser substituídas por crenças que empoderam, como:

- "Eu posso aprender a lidar melhor com o dinheiro"
- "Dinheiro é uma ferramenta para minha liberdade"
- "Com planejamento e persistência, posso alcançar meus objetivos"

2.6 O Papel da Educação e do Autoconhecimento

Transformar a mentalidade financeira exige informação e reflexão. A educação financeira, aliada ao autoconhecimento, é uma poderosa ferramenta de mudança. Não basta aprender a fazer planilhas — é necessário compreender o porquê de certos comportamentos, sentimentos e gatilhos.

Refletir sobre perguntas como:

- Como era a relação com o dinheiro na minha infância?
- Que emoções o dinheiro desperta em mim?
- Que histórias familiares carrego sobre riqueza ou pobreza?

Essas questões abrem portas para uma transformação mais profunda.

Exercício Prático: Diário Financeiro Emocional

Durante uma semana, registre não só os seus gastos, mas também o que sentiu antes e depois de cada decisão financeira. Observe padrões. Isso pode revelar se há emoções específicas — como ansiedade, culpa ou euforia — conduzindo seu comportamento.

2.7 Mentalidade Financeira e Sustentabilidade

Ao desenvolver uma mentalidade financeira consciente, contribuímos também para um modelo de vida mais sustentável. Decisões mais equilibradas evitam desperdícios, reduzem impactos ambientais e favorecem o consumo responsável — temas que se conectam diretamente aos Objetivos de Desenvolvimento Sustentável (ODS) e à educação proposta pela BNCC, que valoriza a cidadania e a reflexão crítica.

A mudança na forma como lidamos com o dinheiro começa na mente. Ao compreendermos a nossa **mentalidade financeira**, damos o primeiro passo para transformar hábitos, tomar decisões mais conscientes e construir uma vida com mais equilíbrio, propósito e liberdade.

Ao longo deste capítulo, exploramos como a forma de pensar influencia profundamente nossas atitudes financeiras. Para ajudar você a identificar e refletir sobre essas crenças — muitas vezes sutis, mas poderosas — preparamos uma tabela comparativa com exemplos de **crenças limitantes** e suas possíveis versões **potencializadoras.**

Este quadro não tem a pretensão de oferecer fórmulas prontas, mas sim de abrir espaço para que cada leitor observe, questione e talvez reformule algumas ideias que vêm guiando suas decisões com o dinheiro. Leve o tempo que precisar. Às vezes, uma simples mudança de perspectiva pode transformar todo o nosso caminho.

Crenças Limitantes *vs.* Crenças Potencializadoras

Crenças Limitantes	Crenças Potencializadoras
"Nunca fui bom com dinheiro."	"Posso aprender a lidar melhor com o meu dinheiro."
"Dinheiro é sujo ou corrompe as pessoas."	"O dinheiro é uma ferramenta que reflete quem eu sou."
"Só rico fica mais rico, pobre não tem chance."	"Com conhecimento e ação, posso melhorar minha situação."
"Preciso gastar para me sentir bem."	"Posso encontrar prazer em viver com equilíbrio."
"Investir é arriscado, vou perder tudo."	"Com informação, posso investir com segurança."
"Não ganho o suficiente para economizar."	"Posso começar a economizar com o que tenho hoje."
"Não tenho controle sobre meus gastos."	"Sou capaz de planejar e controlar meus gastos."
"Nunca vou sair das dívidas."	"Com disciplina, posso reorganizar minhas finanças."
"Não entendo nada de finanças, isso não é para mim."	"Aprender sobre finanças é possível e vai me libertar."

Crenças Limitantes	Crenças Potencializadoras
"Ter dinheiro é egoísmo."	"Ter dinheiro me permite ajudar mais pessoas."
"Empreender é muito arriscado."	"Com planejamento, posso empreender com responsabilidade."
"Não tenho o perfil para ser empreendedor."	"Posso desenvolver habilidades empreendedoras com o tempo."
"Quem nasce pobre morre pobre."	"Minha origem não limita meu destino."
"Não posso ganhar mais do que meus pais ganharam."	"Posso superar limites familiares e construir minha história."
"Na minha família, ninguém teve dinheiro."	"Posso ser o ponto de virada da minha geração."
"Dinheiro não é coisa de criança."	"Educar financeiramente desde cedo prepara para o futuro."
"Se eu ganhar mais, vão se afastar de mim."	"Meus relacionamentos verdadeiros vão me apoiar no sucesso."
"Falar de dinheiro é falta de educação."	"Falar de dinheiro com respeito é sinal de maturidade."
"Não posso errar com meu dinheiro."	"Cada erro é uma oportunidade de aprendizado financeiro."
"Se eu tiver dinheiro, serei julgado."	"Sou livre para prosperar e manter minha essência."

No próximo capítulo, exploraremos em profundidade os significados que damos ao dinheiro — e como eles impactam nosso comportamento.

Capítulo 3

Dinheiro e Seus Significados

O dinheiro, como meio de troca, possui uma importância incontestável na sociedade contemporânea. No entanto, seu valor vai além da simples função de facilitar transações comerciais. Ele carrega consigo significados profundos, que influenciam não apenas nossa relação com o consumo, mas também com nossos sentimentos, nossas escolhas e até mesmo nossas crenças.

Ao longo da história, o conceito de dinheiro evoluiu de um simples meio de pagamento para um símbolo de poder, ***status*** e segurança. Mas será que isso é tudo o que ele representa? Ou será que, por trás de números, cédulas e moedas, o dinheiro é, na verdade, um reflexo da forma como enxergamos o mundo?

3.1 O Dinheiro como Meio e Fim

Para muitas pessoas, o dinheiro é um fim em si mesmo. Ele é visto como um objetivo a ser alcançado, muitas vezes a chave para um estilo de vida desejado, segurança financeira e até felicidade. Neste sentido, as metas financeiras — seja a compra de uma casa, o carro dos sonhos ou uma aposentadoria tranquila — se tornam as grandes motivações para o trabalho e o esforço diário.

Porém, há também aqueles que veem o dinheiro apenas como meio, um instrumento que facilita a realização de projetos mais amplos, como o apoio à família, a promoção de bem-estar social e até a construção de um legado duradouro. Para estes, o dinheiro não é o objetivo final, mas sim o facilitador de outros desejos e valores.

Ao longo da história, o dinheiro assumiu múltiplas funções: foi instrumento de troca, símbolo de poder, segurança, ***status*** e liberdade. Hoje, para muitos, tornou-se fim em si mesmo. No entanto, é fundamental revisitarmos seu papel em nossas vidas e entender se o utilizamos como meio para atingir nossos objetivos ou se nos tornamos servos da sua busca incessante.

Essa reflexão nos convida a reposicionar o dinheiro em nossas prioridades, percebendo-o como ferramenta — não como meta final.

Palavra-chave: ***Propósito***

3.2 Dinheiro e Valores Pessoais

O dinheiro, muitas vezes, reflete os valores de uma pessoa. Por exemplo, alguém que coloca grande valor na experiência de viajar e explorar o mundo pode gastar sua renda principal nesse tipo de atividade, priorizando o prazer e a descoberta. Em contrapartida, quem valoriza a estabilidade e a segurança pode optar por economizar, investir em imóveis ou procurar investimentos conservadores.

Portanto, o significado do dinheiro é subjetivo e está intimamente ligado aos valores e crenças de cada indivíduo. Essas crenças, por sua vez, moldam a maneira como lidamos com o dinheiro, influenciando nossas decisões financeiras, desde como gastamos até como economizamos e investimos.

O modo como lidamos com o dinheiro revela, muitas vezes de forma inconsciente, os valores que nos guiam. A generosidade, o autocuidado, o medo, o controle, a liberdade — tudo isso pode estar expresso em nossas escolhas financeiras. Gastar com viagens em vez de bens materiais, poupar para o futuro ou compartilhar com outras pessoas são atitudes que espelham nosso sistema interno de crenças e prioridades.

Compreender essa conexão é essencial para alinhar nossa vida financeira com aquilo que realmente importa para nós.

Palavra-chave: ***Essência***

3.3 A Relação Emocional com o Dinheiro

É difícil falar sobre dinheiro sem mencionar a forte relação emocional que muitas pessoas têm com ele. Para alguns, o dinheiro está associado a sentimentos de segurança, confiança e liberdade. Para outros, ele pode representar medo, ansiedade ou até mesmo culpa.

Essa relação emocional pode ser um reflexo de experiências de vida, da educação financeira recebida na infância ou das influências culturais sobre o consumo. Em muitos casos, o modo como as pessoas lidam com o dinheiro é determinado por padrões emocionais e psicológicos profundamente enraizados. Por isso, a forma como você percebe o dinheiro pode ser uma chave para entender suas atitudes financeiras.

O dinheiro é carregado de emoções. Pode representar segurança ou ansiedade, liberdade ou culpa, autoestima ou comparação. Desde a infância, aprendemos — muitas vezes sem perceber — a dar significados emocionais ao dinheiro com base em experiências familiares, culturais e sociais.

Reconhecer essas emoções nos permite tomar decisões mais conscientes e menos impulsivas, transformando a maneira como nos relacionamos com ele.

Palavra-chave: ***Sentimento***

3.4 Dinheiro e Cultura

A forma como as sociedades enxergam e lidam com o dinheiro também é amplamente influenciada pela cultura. Em culturas nas quais o consumo é altamente valorizado, o dinheiro tende a ser visto como algo que traz ***status*** e poder. Em contrapartida, em culturas em que o conceito de comunidade e partilha é mais forte, o dinheiro pode ser visto de maneira mais pragmática, como um meio para ajudar o outro e garantir a prosperidade coletiva.

Essas diferentes perspectivas sobre o dinheiro também afetam a forma como as pessoas em diferentes países tomam decisões financeiras. A economia comportamental, portanto, estuda não apenas como as decisões individuais são feitas, mas também como as influências culturais e sociais impactam o comportamento econômico.

Cada cultura atribui significados diferentes ao dinheiro. Em algumas, ele é sinal de sucesso e conquista; em outras, pode ser visto com desconfiança, ou como fruto de sorte ou injustiça. Expressões populares, histórias de família, crenças religiosas e normas sociais ajudam a formar nossa visão — e muitas vezes nossos tabus — sobre o que é "ter dinheiro" ou "ser rico".

Observar essas influências culturais nos ajuda a entender nossos próprios julgamentos e comportamentos financeiros.

Palavra-chave: ***Contexto***

3.5 O Significado do Dinheiro ao Longo da Vida

O significado do dinheiro pode variar ao longo da vida de uma pessoa. Na juventude, o dinheiro pode ser visto como uma ferramenta para explorar o mundo e alcançar independência. Com o passar dos anos, e especialmente com a formação de uma família, o dinheiro assume um papel mais ligado à estabilidade, à segurança e ao bem-estar dos entes queridos.

Para muitas pessoas, à medida que envelhecem, o dinheiro também passa a ter um significado relacionado com o legado e com a preparação para a aposentadoria. As escolhas financeiras feitas em diferentes fases da vida são, em grande parte, guiadas pelo modo como o dinheiro é percebido e pelas prioridades estabelecidas em cada uma dessas fases.

Na juventude, o dinheiro pode simbolizar liberdade e possibilidades. Na fase adulta, segurança e responsabilidade. E na maturidade, tranquilidade ou legado. Esses significados não são fixos — eles evoluem com nossos papéis, vivências e desafios ao longo da vida.

Entender essa mudança nos ajuda a planejar melhor, respeitar nossos ciclos e fazer escolhas mais conscientes.

Palavra-chave: ***Ciclo***

3.6 A Sociedade e o Dinheiro

O papel do dinheiro na sociedade também merece destaque. Enquanto indivíduos podem atribuir diversos significados ao dinheiro, a sociedade em geral, muitas vezes, adota uma visão utilitarista, em que ele é considerado como um bem indispensável para a manutenção da estrutura social e do funcionamento das economias.

Entretanto, o dinheiro, em sua essência, não é neutro. Ele carrega consigo desigualdades, pressões sociais e uma série de estigmas que, muitas vezes, nos induzem a tomar decisões financeiras não alinhadas com nossas necessidades reais, mas com as expectativas sociais e de ***status***.

Ao refletirmos sobre o significado do dinheiro, é fundamental perceber que ele vai além do valor monetário. Ele é carregado de símbolos, emoções e significados que influenciam nossa saúde financeira e nosso bem-estar. Nosso comportamento com o dinheiro é, muitas vezes, um reflexo de nossas crenças, valores e sentimentos, e é crucial que aprendamos a observar essas influências para tomar decisões financeiras mais equilibradas e alinhadas com o que realmente desejamos.

A sociedade molda e, por vezes, pressiona nossas percepções sobre o dinheiro. ***Status***, consumo, aparência e sucesso estão, muitas vezes, ligados à forma como nos posicionamos financeiramente. Redes sociais, publicidade e comparações constantes geram expectativas irreais, alimentando frustrações e distorções na nossa relação com o dinheiro.

Refletir sobre esse cenário amplia nossa autonomia e fortalece nossa identidade financeira.

Palavra-chave: ***Influência***

Capítulo 4

Comportamento Humano e Dinheiro

Palavra-chave: ***Impacto***

4.1 O Dinheiro Vai Muito Além do Valor Monetário

O comportamento financeiro humano não se resume a números, planilhas e contas pagas ou não. Ele reflete um universo complexo de emoções, memórias, crenças e vivências que moldam nossa relação com o dinheiro desde a infância. Não por acaso, muitas pessoas têm uma relação conflituosa com suas finanças, que vai além da matemática: envolve frustração, medo, culpa e até vergonha.

A maneira como lidamos com o dinheiro diz muito sobre quem somos. Decisões financeiras cotidianas — desde comprar um café até planejar a aposentadoria — revelam o quanto estamos conscientes (ou não) de nossos valores, prioridades e objetivos. Entender o comportamento financeiro humano é um passo essencial para transformar não só a vida financeira, mas a vida como um todo.

4.2 O Custo Invisível do Descontrole Financeiro

Muitas vezes subestimamos o impacto do descontrole financeiro em nossa saúde física e emocional. Quando a ansiedade por contas acumuladas tira o sono, quando o estresse compromete o bem-estar, quando a vergonha impede de pedir ajuda, é sinal de que a situação vai além do saldo bancário.

Dados preocupantes confirmam essa realidade:

Tema	Dados e Pesquisas Relevantes
Endividamento e inadimplência	Segundo a **CNC**, 78% das famílias brasileiras estão endividadas; o maior patamar da série histórica.
Problemas emocionais	A **OPAS/OMS** já identificou correlação entre problemas financeiros crônicos e transtornos como ansiedade, depressão e síndrome do pânico.
Separações conjugais	Pesquisas apontam que mais de 60% dos casais têm conflitos por questões financeiras, sendo esta, uma das principais causas de divórcio. (**IBGE**)
Suicídios e crimes	Casos de suicídios e até homicídios têm sido relacionados com situações de desespero financeiro, especialmente em contextos de desemprego e dívidas impagáveis. (**IPEA**)
Problemas de saúde	O estresse financeiro crônico está associado a hipertensão, enxaqueca, distúrbios do sono e agravamento de doenças preexistentes. (**CVM**)
Mortalidade de micro e pequenas empresas	Cerca de 48% das micro e pequenas empresas encerram suas atividades antes de completar três anos, sendo a falta de planejamento e gestão financeira ineficaz os principais fatores contribuintes. (**SEBRAE**)

Indicadores Relevantes sobre o Comportamento Financeiro no Brasil

O Banco Central do Brasil tem conduzido diversas pesquisas relevantes sobre o comportamento financeiro da população. Um dos estudos mais recentes é o Índice de Saúde Financeira do Brasileiro (**I-SFB**), que avalia a capacidade dos cidadãos de administrar suas finanças de maneira sustentável. Em 2024, esse índice alcançou 56,7 pontos, o maior valor dos últimos três anos, indicando uma melhora na saúde financeira média do brasileiro.

Além disso, o Relatório de Letramento Financeiro do **BACEN** revelou que o nível médio de letramento financeiro no Brasil (**ILF**) é de 59,6 em uma escala de 0 a 100. Esse índice é maior entre jovens de 16 a 24 anos (64,5) e homens (61,6), destacando a necessidade de promover a educação financeira de forma mais abrangente e inclusiva.

Esses dados reforçam a importância de iniciativas voltadas para a melhoria do conhecimento e da gestão financeira da população, contribuindo para decisões mais conscientes e sustentáveis no âmbito econômico.

4.3 Uma Relação a Ser Curada

O dinheiro, quando mal compreendido, passa a ser um vilão silencioso. Mas ele também pode ser um poderoso **agente de equilíbrio** e **bem-estar**, quando encarado com consciência, conhecimento e responsabilidade.

Transformar o comportamento financeiro começa por encarar o dinheiro não como um fim em si mesmo, mas como uma ferramenta que revela nossas emoções, escolhas e possibilidades. Educar-se financeiramente não é só aprender a poupar ou investir. É se conhecer melhor, entender seus próprios limites e criar uma nova relação com o dinheiro, baseada em respeito, clareza e propósito.

Encerrar uma reflexão sobre o comportamento humano e sua relação com o dinheiro é reconhecer que, muitas vezes, nossas decisões financeiras estão menos ligadas à matemática e mais conectadas às emoções, histórias de vida e crenças que carregamos. Entender esse comportamento é um passo importante, mas não é o suficiente. Para transformar realidades, é preciso ir além. É preciso consciência. E é aí que o conhecimento se torna libertador — não apenas como informação, mas como instrumento de autonomia e despertar.

Essa tomada de consciência é o ponto de partida do próximo capítulo.

Capítulo 5

O Conhecimento Liberta: A Base para Escolhas Conscientes

Eu achava que precisava de mais dinheiro. Na verdade, eu precisava de mais consciência. — Reflexão inspiradora

Quantas vezes acreditamos que nossos problemas financeiros seriam resolvidos apenas com mais dinheiro? Essa ideia, tão comum quanto enganosa, mascara o verdadeiro ponto de partida: o conhecimento.

Mais do que saber somar e subtrair, o conhecimento envolve compreender a si mesmo, suas escolhas, seus hábitos e os impactos que eles têm no presente e no futuro. Trata-se de um processo que vai muito além da informação: é a capacidade de organizar, interpretar e aplicar dados, experiências e aprendizados na vida prática.

Conhecimento é a base para interpretar o mundo, questionar padrões, tomar decisões fundamentadas e, principalmente, transformar a realidade. Quando aplicado ao campo financeiro, torna-se uma das ferramentas mais poderosas de autonomia e liberdade. Ele permite reconhecer comportamentos nocivos, planejar com clareza e fazer escolhas mais alinhadas aos objetivos pessoais.

Quantas vezes achamos que a falta de dinheiro é o verdadeiro problema, quando, na verdade, é apenas o sintoma? A raiz da escassez financeira, muitas vezes, está na ausência de preparo e de orientação — uma carência que pode ser superada com educação de qualidade, adaptada ao cotidiano das pessoas.

O verdadeiro ponto de partida é o **conhecimento**. Ele é a semente de toda transformação. Nenhuma mudança significativa ocorre sem que antes haja **compreensão**, **consciência** e **aprendizado**.

Mas, afinal, o que é conhecimento? De forma geral, o conhecimento é o resultado da assimilação de informações, conceitos e experiências que nos permitem interpretar e agir sobre o mundo. É o saber construído a partir do aprendizado — seja por meio da educação formal, como nas escolas e universidades, seja pelas lições que a vida, silenciosamente, nos ensina.

Existe o **conhecimento intelectual**, que nos é transmitido por livros, mestres e teorias. Ele é fundamental para estruturar pensamentos, desenvolver habilidades cognitivas e compreender a lógica dos fenômenos sociais, econômicos e culturais. Mas há também um outro tipo de conhecimento — mais sutil, porém igualmente poderoso — que nasce das vivências. É o **conhecimento experiencial** que brota das experiências reais, das tentativas e erros, das conquistas e frustrações do cotidiano.

Esse conhecimento, ainda que subjetivo, pode ser classificado de diferentes formas:

Termo	Definição resumida
Conhecimento empírico	Aquele adquirido por meio da observação e experiência direta com a realidade.
Conhecimento experiencial	Enfatiza o saber que se forma a partir das experiências de vida.
Conhecimento tácito	Conhecimento difícil de ser explicado, mas presente nas práticas e habilidades adquiridas.

Ambos se complementam. Quando unimos o saber acadêmico à sabedoria prática da vida, criamos um repertório robusto, capaz de transformar não apenas nossas decisões, mas também a maneira como enxergamos o mundo e a nós mesmos. E é justamente nessa interseção que nasce o **conhecimento financeiro verdadeiro**: aquele que não apenas entende os números, mas reconhece o impacto emocional, comportamental e social de cada escolha relacionada com o dinheiro. Ele permite enxergar o dinheiro como ferramenta e não como obstáculo. É isso que proporciona autonomia.

E aqui está o convite: que este conhecimento não fique apenas na mente, mas desça ao coração e se manifeste em atitudes. Que ele seja luz no caminho e impulso para transformar realidades. Porque é a partir da consciência — e não da escassez ou da abundância — que construímos a liberdade que desejamos.

A educação formal, muitas vezes, negligencia temas como finanças pessoais, comportamento do consumidor e planejamento de vida. Em contrapartida, somos lançados à vida adulta para tomar decisões complexas sem o preparo necessário. Não é à toa que tantos brasileiros — de diferentes níveis de renda e escolaridade — enfrentam dificuldades financeiras estruturais.

A informação existe, mas acessá-la e aplicá-la exige um passo essencial: a consciência. O conhecimento financeiro verdadeiro não nasce da mera leitura de gráficos ou fórmulas matemáticas. Ele floresce quando compreendemos a função do dinheiro em nossa vida, o valor do trabalho, o peso das decisões e a importância do equilíbrio.

É aí que o saber se transforma em liberdade: liberdade de escolher, de não se endividar por impulso, de planejar o futuro com tranquilidade e até de ensinar os filhos a fazerem diferente.

Segundo pesquisa do Banco Central e da ANBIMA (2023), embora 66% dos brasileiros se considerem bons em finanças, apenas 21% demonstraram ter conhecimento satisfatório sobre temas básicos como orçamento, juros e investimentos. Isso mostra uma desconexão entre percepção e realidade — algo que pode ser corrigido com educação continuada.

A informação de qualidade, quando compreendida e aplicada, tem o poder de transformar trajetórias. É ela que fundamenta decisões conscientes, que protege contra armadilhas emocionais e financeiras, e que nos coloca como protagonistas de nossa própria história econômica.

5.1 A Ilusão da Suficiência

Existe uma crença silenciosa que habita muitas mentes: "Se eu ganhasse mais, tudo estaria resolvido." No entanto, estudos mostram que o aumento de renda não garante uma vida financeira equilibrada. Sem conhecimento, o que cresce com a renda é o padrão de consumo — e, muitas vezes, o endividamento.

O problema, portanto, não é apenas quanto se ganha, mas o que se faz com o que se ganha.

Conhecimento não é apenas um diferencial — é um divisor de águas. Ele ajuda a identificar armadilhas, evitar decisões impulsivas e entender o impacto das escolhas financeiras no longo prazo. Quando se conhece os mecanismos que envolvem crédito, juros, orçamento e consumo consciente, deixa-se de ser refém das circunstâncias.

5.2 O Poder Transformador da Informação Aplicada

Educação financeira vai muito além de fórmulas ou planilhas. Ela toca diretamente no comportamento, nas emoções, nas crenças e nos relacionamentos.

Quando se aprende a lidar com o dinheiro, muitas vezes se aprende também a lidar com frustrações, limites e possibilidades.

Por isso, neste capítulo, o convite não é apenas para adquirir informação, mas para transformar informação em **sabedoria prática**. O conhecimento só é libertador quando sai do campo teórico e influencia nossas atitudes diárias.

Ter conhecimento é uma das maiores ferramentas de transformação da realidade. Pessoas bem-informadas tomam decisões melhores, compreendem riscos e criam estratégias mais sólidas. No entanto, é fundamental compreender que **conhecimento não é, por si só, sinônimo de resultados**.

Você pode conhecer todos os conceitos de finanças, entender os juros compostos, saber como montar uma reserva de emergência e até saber identificar armadilhas de consumo —, mas, se não colocar esse saber em prática, ele não se converte em progresso.

5.3 Conhecimento é o Começo, Não o Fim

O conhecimento é um farol. Ele ilumina o caminho, revela perigos e mostra alternativas. Mas, assim como um farol não move o navio, o saber por si só não garante mudança. Quantas pessoas você conhece que sabem o que precisam fazer, mas não fazem? Sabem que precisam economizar, mas gastam? Sabem que precisam investir, mas adiam? Sabem que não devem misturar contas pessoais com as do negócio, mas continuam fazendo?

Isso acontece porque o verdadeiro progresso financeiro exige mais do que informação. Exige **habilidades para aplicar** e **atitudes para sustentar** escolhas conscientes.

Aprender é o primeiro passo, mas não é o último. É necessário desenvolver habilidades práticas — como anotar despesas, analisar extratos, planejar o mês e buscar oportunidades. E mais: é preciso cultivar atitudes consistentes — como disciplina, autocontrole, visão de longo prazo e coragem para dizer "não".

O aprendizado se transforma em sabedoria quando vem acompanhado de ação e consistência. O conhecimento, quando aplicado com habilidade e sustentado por atitudes firmes, se torna uma bússola viva — capaz de guiar para um destino mais próspero e equilibrado.

Por isso, se você busca uma vida financeira melhor, celebre cada aprendizado — mas vá além: pratique, ajuste, persista. Afinal, é na aplicação consistente que o saber se transforma em sabedoria.

Conhecimento é a luz que dissipa a ignorância, mas é a ação consciente que transforma a realidade. Saber não basta — é preciso aplicar, refletir e ajustar. A sabedoria financeira nasce quando unimos o que aprendemos com o que vivemos, com coragem para mudar e humildade para evoluir. — Reflexão inspiradora

Capítulo 6

Tomada de Decisão

Tomar decisões é um ato inevitável da vida. Todos os dias somos convidados a escolher: o que comer, como gastar, onde investir nosso tempo, energia e recursos. No campo financeiro, essas escolhas se tornam ainda mais delicadas, pois têm impacto direto sobre nosso bem-estar, segurança e liberdade futura.

Muitos evitam decidir por medo de errar, outros decidem impulsivamente e se arrependem. Mas, independentemente da abordagem, o fato é que ***decidir é um exercício contínuo de responsabilidade***. Não decidir é, por si só, uma forma de escolha — e geralmente, uma que transfere o poder para as circunstâncias ou para os outros.

6.1 Decisões Movidas por Impulso ou Propósito?

Há uma grande diferença entre agir por impulso e agir com propósito. O impulso se alimenta do agora, da urgência, da emoção. Já o propósito se alimenta do sentido, do valor, da visão de longo prazo. Quando falamos de decisões financeiras, essa diferença é fundamental.

Comprar algo sem planejamento, ceder a pressões sociais ou gastar para compensar frustrações momentâneas são exemplos de decisões impulsivas. Elas trazem um alívio imediato, mas, muitas vezes, comprometem a estabilidade futura. Por outro lado, tomar decisões com propósito envolve ponderar, planejar, avaliar riscos e consequências. Exige mais tempo, mas gera resultados mais consistentes.

6.2 Decidir Exige Consciência

Muitas vezes, as pessoas tomam decisões automáticas — influenciadas por hábitos, crenças, padrões familiares ou culturais — sem sequer perceberem. Outras evitam decisões por medo de enfrentar a realidade financeira, empurrando problemas com a barriga até que se tornem crises.

Desenvolver consciência é o primeiro passo para decidir melhor. Isso significa observar-se com atenção, entender os próprios gatilhos emocionais, identificar padrões nocivos e buscar clareza sobre objetivos e prioridades.

Tomar decisões conscientes é um exercício de presença: estar inteiro naquele momento, com discernimento e coragem para escolher o que é melhor, mesmo que não seja o mais fácil.

6.3 Informação não Basta: é Preciso Aplicar

A boa decisão não nasce apenas da informação, mas da sabedoria prática. É comum encontrar pessoas que sabem o que deveriam fazer, mas não conseguem colocar em prática. Isso acontece porque decidir exige mais do que saber — exige mobilizar vontade, enfrentar medos, renunciar a desejos imediatos em nome de algo maior.

Por isso, o autoconhecimento e o desenvolvimento de habilidades emocionais são aliados poderosos da boa decisão. Quanto mais a pessoa se conhece, mais ela consegue diferenciar desejo de necessidade, carência de valor, impulso de estratégia.

6.4 Decisões Conscientes Moldam Destinos

A vida financeira é, em grande parte, o reflexo das decisões acumuladas ao longo do tempo. Cada escolha — por menor que pareça — tem um impacto. Quando se decide gastar ou poupar, trabalhar ou adiar, empreender ou se acomodar, está se desenhando um caminho. E cada caminho leva a um destino diferente.

Felizmente, sempre é possível mudar a rota. Decisões conscientes criam novas possibilidades. Ao decidir com mais clareza, intenção e responsabilidade, você se torna protagonista da sua história financeira — e não apenas um personagem levado pelas circunstâncias.

Tomar decisões conscientes e fundamentadas é uma habilidade que se fortalece com o tempo, o autoconhecimento e a prática constante. À medida que aprendemos a ouvir nossa razão sem ignorar nossas emoções, vamos ganhando autonomia e clareza para escolher com mais sabedoria.

Contudo, mesmo com esse avanço, é comum nos depararmos com decisões que não fazem sentido à luz da lógica. Afinal, quem nunca se perguntou: "Por que eu fiz isso com meu dinheiro se eu sabia o que era melhor?" Pode ser que existam forças invisíveis atuando — padrões mentais, crenças ou impulsos que nos desviam dos nossos objetivos. Vamos então entender como essas influências funcionam.

Capítulo 7

O Poder do Autoconhecimento nas Finanças

O autoconhecimento é um recurso importante no processo de tomar decisões financeiras mais assertivas. Quando nos conhecemos bem, conseguimos identificar não apenas nossas preferências, mas também os padrões de comportamento que influenciam nossas atitudes em relação ao dinheiro.

7.1 O que é o Autoconhecimento?

Autoconhecimento é o processo de entender nossas emoções, crenças e reações. No contexto financeiro, ele nos ajuda a perceber como nossas escolhas são moldadas por fatores internos, como medos e crenças limitantes. Reconhecer esses aspectos é essencial para agir de forma mais racional e menos impulsiva nas decisões financeiras.

7.2 A Relação Entre Autoconhecimento e Decisões Financeiras

Muitas vezes, nossas finanças são influenciadas por decisões emocionais, como o desejo de comprar algo por impulso ou a ansiedade em relação ao futuro. O autoconhecimento nos permite identificar esses gatilhos emocionais e fazer escolhas mais alinhadas com nossos objetivos. Ao entender o que nos motiva, podemos ajustar nossas atitudes e tomar decisões mais equilibradas.

Ferramentas Para o Autoconhecimento

- **Identificar Crenças Limitantes**: O que você acredita sobre dinheiro? Crenças como "dinheiro é sujo" ou "não sou bom com finanças" podem sabotar suas decisões. O autoconhecimento permite que você revele e substitua essas crenças.

- **Refletir sobre Experiências Passadas**: Olhe para suas escolhas financeiras anteriores. O que você aprendeu com elas? Saber reconhecer os erros e acertos ajuda a aprimorar as futuras decisões.
- **Gerenciar Emoções**: O autoconhecimento também envolve a capacidade de reconhecer e controlar as emoções que surgem ao lidar com o dinheiro. Sentimentos como medo, insegurança ou desejo de agradar podem nos levar a decisões precipitadas.
- ***Feedback* de Pessoas Próximas**: Às vezes, outras pessoas conseguem enxergar padrões em nosso comportamento que nós mesmos não percebemos. Ouvir com abertura o que familiares, amigos ou colegas têm a dizer sobre nossas atitudes em relação ao dinheiro pode trazer percepções valiosas.
- ***Mindfulness* e Autoconsciência Emocional**: Práticas como o ***Mindfulness*** (atenção plena) auxiliam no desenvolvimento da autoconsciência emocional — ou seja, a capacidade de perceber como estamos nos sentindo e como isso influencia nossas ações. Ao cultivar momentos de pausa e reflexão, conseguimos tomar decisões financeiras mais conscientes, com menos impulsividade e mais clareza sobre nossos reais objetivos.

Agora que entendemos como o autoconhecimento pode influenciar nossas decisões financeiras, é importante reconhecer que, muitas vezes, nossos padrões inconscientes podem interferir nesses processos. Mesmo com a intenção de fazer escolhas racionais, podemos cair em armadilhas mentais que distorcem nossa percepção e nos afastam dos melhores resultados financeiros.

No próximo capítulo, vamos explorar essas armadilhas mentais, como identificá-las e as estratégias para evitá-las, ajudando a manter o foco em decisões mais assertivas.

Capítulo 8

As Armadilhas Mentais que Sabotam suas Finanças

As finanças não são apenas uma questão de números e cálculos. Nossa mente, com suas crenças e padrões psicológicos, desempenha um papel fundamental nas escolhas financeiras que fazemos. Muitas vezes, estamos inconscientes das armadilhas mentais que nos levam a tomar decisões prejudiciais ou irracionais. Neste capítulo, vamos explorar as principais armadilhas mentais que afetam nossas finanças e discutir como podemos identificá-las e evitá-las para tomar decisões financeiras mais equilibradas e conscientes.

8.1 Heurísticas e Vieses Cognitivos: Por Que a Mente Nem Sempre é Racional

Antes de avançarmos para os vieses mais comuns nas finanças, é importante dar um passo atrás e entender ***como*** essas distorções acontecem dentro da nossa mente. Afinal, ninguém acorda e pensa: "Hoje vou tomar uma decisão errada." Mas, mesmo sem perceber, todos nós usamos **atalhos mentais** e caímos em **armadilhas de pensamento**.

Heurísticas: Atalhos mentais que economizam energia

O cérebro humano é eficiente — ele precisa lidar com milhares de decisões por dia. Para isso, criou estratégias rápidas chamadas **heurísticas**, que nada mais são do que ***atalhos mentais***. Elas funcionam como respostas automáticas baseadas em experiências anteriores, emoções ou padrões que já reconhecemos.

Exemplo: Ao ver um produto com 50% de desconto, pensamos: "Está barato, vou aproveitar." Esse julgamento rápido é feito com base na **heurística da ancoragem** — o preço original serve de referência, sem analisarmos se o novo valor realmente vale a pena.

As heurísticas são úteis e funcionam bem na maioria das vezes, mas nem sempre.

Quando o atalho leva ao erro (Viés Cognitivo)

O problema acontece quando esse atalho mental falha — aí nasce o **viés cognitivo**. Ele é uma **distorção previsível** do nosso julgamento. Ou seja, não é um erro aleatório: é um erro sistemático, que tende a se repetir.

Exemplo: Após ver notícias sobre um acidente aéreo, alguém decide viajar de carro porque "avião é perigoso". Aqui, a **heurística da disponibilidade** — lembrar de algo recente e marcante — levou ao **viés da disponibilidade**: superestimar o risco de algo estatisticamente mais seguro.

Quem cria esses atalhos e distorções?

Nós mesmos. Ou melhor: nosso cérebro cria, automaticamente, sem que a gente perceba.

Daniel Kahneman, prêmio Nobel e um dos pais das finanças comportamentais, explica que temos dois sistemas mentais operando o tempo todo:

Sistema de Pensamento	Como Funciona
Sistema 1 – Rápido e Intuitivo	É automático, emocional, imediato. Usa heurísticas. É ele que "decide por você" antes que você perceba.
Sistema 2 – Lento e Racional	É lógico, analítico, reflexivo. Exige esforço. Entra em ação quando você para para pensar conscientemente.

A maior parte das nossas decisões diárias — especialmente as financeiras — é tomada pelo **Sistema 1**. E como ele é rápido, pode ser enganado com mais facilidade.

Em resumo:

Conceito	Palavra-chave	Explicação
Heurística	*Atalho*	Estratégia automática, rápida e útil. Nem sempre precisa, mas econômica em esforço.
Viés Cognitivo	*Distorção*	Erro previsível causado pelo uso inadequado de heurísticas ou por julgamentos enviesados.

Exemplos práticos

Exemplo 1 – Finanças pessoais

- **Heurística:** Ancoragem → Produto "de R$ 500 por R$ 300".
- **Viés:** Viés de ancoragem → Assume que o produto está barato só porque "antes custava mais".
- **Impacto:** Compra por impulso, sem analisar o valor real.

Exemplo 2 – Contratação de pessoas

- **Heurística:** Representatividade → Candidato de universidade renomada.
- **Viés:** Efeito halo → Julga toda a competência com base em um único aspecto positivo.
- **Impacto:** Contratação baseada em imagem, não em avaliação técnica.

Exemplo 3 – Percepção de risco

- **Heurística:** Disponibilidade → Viu um acidente aéreo na TV.
- **Viés:** Viés da disponibilidade → Acredita que voar é mais perigoso do que dirigir.
- **Impacto:** Escolha menos segura com base em medo recente.

Por que isso importa?

Porque **os vieses cognitivos afetam diretamente nossas finanças**. Eles influenciam desde pequenas decisões do dia a dia — como comprar algo "em promoção" — até grandes escolhas, como fazer um investimento arriscado, contrair uma dívida ou deixar de agir por medo.

Entender como esse processo funciona **não é para culpar o cérebro**, mas para **reconhecer quando estamos sendo enganados por ele** — e desenvolver mais consciência, lucidez e equilíbrio nas nossas escolhas.

8.2 Vieses Cognitivos

Vieses cognitivos são falhas sistemáticas no raciocínio que afetam nosso julgamento e nos levam a tomar decisões não racionais. No contexto das finanças, esses vieses podem nos fazer agir de maneiras que não são as mais vantajosas. De forma simples, os **vieses cognitivos** são distorções sistemáticas no nosso pensamento que acontecem quando o cérebro tenta ser eficiente. Em vez de analisar todas as informações de forma lógica e racional — o que demandaria muito tempo e energia — nosso cérebro recorre a atalhos mentais automáticos, chamados heurísticas, para tomar decisões mais rápidas ou confortáveis. Eles surgem porque não conseguimos analisar todas as informações disponíveis o tempo todo — seria exaustivo e inviável. Por isso, a mente recorre a padrões automáticos baseados em experiências passadas, emoções e percepções. O problema é que esses atalhos nem sempre nos levam às melhores escolhas, especialmente quando se trata de dinheiro. Muitas vezes, esses vieses nos fazem agir por impulso, manter crenças equivocadas ou repetir hábitos que prejudicam nossa saúde financeira.

Viés de Confirmação: Tendemos a procurar informações que confirmem nossas crenças ou decisões já tomadas, ignorando evidências que poderiam desafiar nosso ponto de vista. Por exemplo, um investidor que já possui ações de uma empresa pode se concentrar apenas nas notícias positivas sobre ela, ignorando alertas de possíveis riscos.

Viés de Ancoragem: Esse viés ocorre quando somos influenciados por informações iniciais, mesmo que sejam irrelevantes. Um exemplo clássico é quando vemos um produto à venda por R$ 200, mas, ao ver uma etiqueta de R$ 150 em um item similar, sentimos que o desconto de R$ 50 é uma grande oportunidade, mesmo que o preço original ainda seja alto.

Embora ainda tenhamos abordado apenas alguns dos vieses cognitivos que afetam as decisões financeiras, é importante notar que a Psicologia Comportamental já identificou mais de 160 vieses cognitivos que podem interferir nas nossas escolhas (Durmus, 2022). A intenção aqui não é esgotar o tema, mas proporcionar uma visão introdutória e reflexiva sobre os mecanismos inconscientes que moldam o nosso comportamento diante do dinheiro.

Para aprofundamento no tema, destacam-se as publicações desenvolvidas pela **Comissão de Valores Mobiliários (CVM)** voltadas à educação financeira, com ênfase nos **vieses cognitivos e na tomada de decisão**. Esses materiais, de caráter educativo e acessível, têm sido utilizados como ferramentas de apoio ao desenvolvimento do comportamento financeiro consciente e são frequentemente disponibilizados ao público em geral por meio do portal oficial da CVM.

Mas, afinal, como esses vieses se manifestam no nosso cotidiano? A seguir, destacamos alguns dos mais comuns no dia a dia financeiro, acompanhados de exemplos práticos que ajudam a reconhecê-los em nossas próprias atitudes:

Vieses Cognitivos que Sabotam Suas Decisões Financeiras

Viés Cognitivo	Descrição	Exemplo Prático
Viés do Otimismo	Tendência a acreditar que tudo dará certo, mesmo sem planejamento.	"Ano que vem eu resolvo isso."
Viés da Confirmação	Buscar apenas informações que reforcem o que já acreditamos.	Ignorar notícias sobre inflação porque "não vai me afetar."
Ancoragem	Ficar preso a um número inicial e tomá-lo como referência.	Comprar algo porque "está com 50% de desconto", mesmo sem precisar.
Aversão à Perda	Preferir não perder a ganhar.	Não vender um ativo em queda porque "vou esperar recuperar."
Efeito Manada	Seguir a maioria, mesmo sem entender o motivo.	Investir em algo porque "todo mundo está investindo."

Viés Cognitivo	Descrição	Exemplo Prático
Viés de *Status Quo*	Preferência por manter tudo como está, evitando mudanças.	Não trocar um investimento ruim por outro melhor por receio de "mudar demais".
Viés de Recência	Dar mais peso a acontecimentos recentes do que ao histórico completo.	Investir em uma ação porque "subiu muito esse mês".
Ilusão de Controle	Acreditar que temos mais controle sobre eventos do que realmente temos.	Achar que consegue prever o mercado porque "acertou algumas vezes".
Custo Afundado	Manter uma decisão só porque já se investiu tempo ou dinheiro nela.	Continuar pagando por um curso que não usa porque "já pagou caro".
Viés de Familiaridade	Preferir o que é familiar, mesmo que não seja a melhor opção.	Investir apenas no banco onde tem conta, sem comparar com outros.
Excesso de Confiança	Superestimar o próprio conhecimento ou habilidade.	Ignorar conselhos financeiros por acreditar que "sabe o suficiente".
Efeito de Posse	Dar mais valor a algo apenas porque é seu.	Recusar vender um bem por um preço justo porque "vale mais pra mim."

Viés Cognitivo	Descrição	Exemplo Prático
Viés da Prova Social	Acreditar que algo é certo só porque muitas pessoas fazem.	Comprar um produto porque "todo mundo está comprando na internet."
Viés da Atribuição	Julgar o sucesso como mérito pessoal e o fracasso como azar.	Culpar o mercado pela perda, mas atribuir o lucro à própria habilidade.
Viés da Disponibilidade	Julgar algo como mais comum ou provável porque lembramos facilmente.	Não investir após lembrar de uma fraude recente que viu na mídia.
Viés de Afinidade	Preferência por pessoas ou marcas com quem nos identificamos.	Escolher um consultor financeiro "gente boa" em vez do mais capacitado.
Viés de Percepção	Julgar com base em estereótipos ou aparências superficiais.	Desconfiar de um produto barato, mesmo com boas avaliações.
Viés Confirmatório	Variante do viés da confirmação, em que descartamos ativamente o que contraria nossa crença.	Ignorar um alerta de especialista porque "não combina com o que penso."
Efeito Halo	Deixar uma impressão positiva ou negativa influenciar outros julgamentos.	Confiar cegamente em um influenciador porque "ele parece bem-sucedido."

Viés Cognitivo	Descrição	Exemplo Prático
Pensamento de Grupo	Ceder à opinião da maioria para evitar conflito ou se sentir aceito.	Aceitar uma decisão de investimento ruim para não contrariar amigos.

8.3 Psicologia dos Preços

A forma como os preços são apresentados pode afetar significativamente nossas decisões de compra. O comportamento dos consumidores não é baseado apenas no valor real de um produto ou serviço, mas também em como ele é percebido.

- **Efeito de Ancoragem**: A psicologia de preços funciona com base no viés de ancoragem, em que um preço original mais alto cria a percepção de que um preço reduzido é uma boa oferta. Isso pode ser visto em promoções como "De R$ 500 por R$ 299", em que o consumidor se sente incentivado a comprar devido ao desconto, mesmo que o preço original nunca tenha sido praticado.
- **Preço Imaginário**: Quando um produto é vendido por um preço "psicológico", como R$ 9,99 em vez de R$ 10, a diferença de apenas 1 centavo faz com que o consumidor perceba que o preço é significativamente menor. Essa pequena diferença gera um efeito emocional que pode influenciar a decisão de compra.
- **Senso de Urgência**: Promoções como "últimas unidades" ou "oferta por tempo limitado" são projetadas para criar um senso de urgência e pressionar o consumidor a tomar decisões impulsivas, sem dar tempo para reflexão.

A psicologia de preços, muitas vezes, nos leva a tomar decisões com base em emoções, como medo de perder uma oferta, em vez de avaliar o real valor do que estamos comprando.

8.4 Vendas e Suas Armadilhas

Os vendedores também são especialistas em utilizar as armadilhas mentais para influenciar nossas decisões financeiras. Com técnicas sofisticadas, eles nos guiam para escolhas que, muitas vezes, não são as melhores para nosso bolso.

- **Pressão para Tomada de Decisão Rápida**: Técnicas como "essa oferta é por tempo limitado" ou "ou você compra agora ou vai perder" forçam o consumidor a decidir rapidamente, sem refletir o suficiente sobre os prós e contras da compra.
- ***Upselling*** **e** ***Cross-Selling***: Essas técnicas são usadas para nos fazer gastar mais do que o planejado. O ***upselling*** é quando o vendedor sugere uma versão mais cara de um produto, enquanto o ***cross-selling*** sugere a compra de produtos adicionais que, muitas vezes, não são necessários.

Essas armadilhas funcionam explorando nossa tendência a agir por impulso e a buscar a gratificação imediata, sem considerar o impacto financeiro a longo prazo.

8.5 Risco e Incerteza

A forma como lidamos com o risco e a incerteza pode influenciar significativamente nossas decisões financeiras. Muitas vezes, tomamos decisões irracionais devido ao medo do risco ou à forma como avaliamos a incerteza.

- **Aversão à Perda**: O ser humano tende a sentir mais a dor de uma perda do que o prazer de um ganho de valor equivalente. Isso pode nos fazer evitar investimentos ou tomar decisões financeiras muito conservadoras, mesmo quando os benefícios potenciais são superiores aos riscos.
- **Superestimação do Risco**: Quando confrontados com situações de risco, muitas vezes exageramos a probabilidade de perda, o que pode nos levar a evitar boas oportunidades de investimento ou a fazer escolhas que não são as mais vantajosas.

Esse medo irracional pode ser um obstáculo para o crescimento financeiro, pois nos impede de tomar riscos calculados que, na maioria das vezes, são necessários para obter retornos maiores no futuro.

8.6 Escolhas no Tempo

As decisões financeiras frequentemente envolvem escolhas entre o presente e o futuro. Nossa tendência a preferir gratificação imediata pode afetar negativamente nosso futuro financeiro.

- **Gratificação Imediata**: A tentação de gastar agora em vez de economizar para o futuro é uma armadilha mental muito comum. Muitas vezes, escolhemos comprar algo que queremos imediatamente, em vez de investir ou economizar para alcançar objetivos financeiros maiores no futuro.
- **Procrastinação Financeira**: Adiar decisões importantes, como economizar ou investir, é uma forma de procrastinação intertemporal. Acreditamos que sempre haverá tempo para tomar essas decisões no futuro, o que pode resultar em perdas financeiras a longo prazo.

Esse tipo de armadilha mental nos leva a tomar decisões de curto prazo sem considerar o impacto no futuro, prejudicando nossa saúde financeira.

8.7 Golpes Financeiros

As armadilhas mentais também podem ser exploradas por golpistas que manipulam as emoções e o comportamento das vítimas para obter lucro de forma desonesta.

- **Esquemas Ponzi e Fraudes de Investimento**: Muitas vezes, as vítimas de golpes são atraídas por promessas de retornos financeiros rápidos e altos, o que apela para nosso desejo de gratificação imediata. Golpistas sabem como explorar nossas falhas cognitivas para convencer as pessoas a investirem dinheiro sem questionar a legitimidade da oferta.

- **Golpes *Online***: Fraudes mais modernas, como ***phishing*** e golpes em redes sociais, também se aproveitam de nossa tendência a confiar nas informações que recebemos ***online***, fazendo com que tomemos decisões financeiras precipitadas sem verificar a fonte.

As armadilhas financeiras são, muitas vezes, construídas sobre as fraquezas psicológicas e cognitivas que todos nós temos, e saber identificá-las é o primeiro passo para evitá-las.

Entender as armadilhas mentais que nos afetam é um passo essencial para tomarmos decisões financeiras mais conscientes e equilibradas. Ao reconhecer esses padrões psicológicos em nosso comportamento, podemos começar a questionar nossas reações automáticas e desenvolver estratégias para evitar cair nessas armadilhas.

No próximo capítulo, abordaremos como lidar com os conflitos internos e externos relacionados com o dinheiro, oferecendo ferramentas para encontrar um equilíbrio entre as necessidades financeiras e os valores pessoais.

Capítulo 9

Conflitos e Dinheiro

O dinheiro, embora seja uma ferramenta essencial para garantir a qualidade de vida, muitas vezes pode se tornar fonte de conflitos em várias áreas da nossa vida. Esses conflitos não surgem apenas pelo fato de ter ou não ter dinheiro, mas pela maneira como lidamos com ele, como ele impacta nossas decisões e como ele é compartilhado ou administrado nas nossas relações interpessoais. Vamos explorar alguns dos principais pontos em que o dinheiro pode gerar tensões e como podemos gerenciá-las de forma saudável.

9.1 O Impacto nas Relações Pessoais e Familiares

Nas relações familiares, especialmente entre casais ou pais e filhos, o dinheiro frequentemente é uma das principais causas de desentendimentos. Questões como a divisão de despesas, prioridades financeiras diferentes e o papel que o dinheiro desempenha na tomada de decisões cotidianas podem gerar grandes tensões.

Por exemplo, um dos cônjuges pode ser mais poupador, enquanto o outro tem um estilo de vida mais consumista. Esse contraste pode levar a discussões sobre como gerenciar as finanças, o que pode gerar um distanciamento emocional entre as partes. Outro exemplo é quando as expectativas em relação ao dinheiro não são claras, como no caso de filhos que esperam apoio financeiro prolongado dos pais, o que pode causar frustração de ambos os lados.

9.2 O Dinheiro no Ambiente Profissional

No âmbito profissional, conflitos relacionados com o dinheiro podem surgir, seja por causa de salário, investimentos, comissões ou até mesmo por questões de poder e controle. Questões como a falta de transparência nas negociações financeiras ou até a percepção de que alguém está sendo injustiçado financeiramente podem afetar o moral de um time e gerar um ambiente de trabalho tenso.

Muitas vezes, os conflitos surgem quando expectativas financeiras não são atendidas ou quando um colaborador sente que não foi devidamente recompensado por seu esforço ou desempenho. Além disso, decisões financeiras erradas podem impactar toda a estrutura de uma organização, gerando uma onda de insatisfação.

9.3 Estratégias para Resolver Conflitos Financeiros

A boa notícia é que esses conflitos podem ser resolvidos de forma eficaz. Algumas estratégias incluem:

1. **Comunicação aberta e honesta**: Em qualquer relação, seja familiar ou profissional, o segredo para evitar ou resolver conflitos financeiros é uma comunicação clara. Falar sobre dinheiro, de maneira respeitosa, pode evitar mal-entendidos e ajudar a alinhar expectativas.
2. **Estabelecer metas e prioridades financeiras**: Ao definir objetivos financeiros em conjunto, as pessoas envolvidas podem compreender melhor as necessidades e desejos do outro, evitando frustrações e o sentimento de descompasso.
3. **Buscar o equilíbrio**: Evitar que o dinheiro seja o único foco de uma relação é fundamental. Quando ele se torna um tema constante, é hora de parar e refletir sobre outras prioridades e valores que precisam ser respeitados.

4. **Procurar apoio profissional**: Em casos mais complexos, como dívidas familiares ou desentendimentos sobre heranças, a orientação de um consultor financeiro ou terapeuta pode ajudar a mediar a situação de forma mais objetiva e construtiva.

9.4 O Dinheiro como Reflexão de Valores

Finalmente, é importante lembrar que o dinheiro, muitas vezes, reflete nossos valores pessoais. O que consideramos importante em nossa vida, muitas vezes, se traduz em nossos hábitos financeiros. Conflitos financeiros podem ser vistos não apenas como disputas sobre recursos, mas também como reflexões sobre o que cada um valoriza na vida.

Por exemplo, alguém que valoriza a liberdade pode preferir investir em experiências de vida, enquanto outra pessoa pode priorizar a segurança financeira, preferindo investir em bens materiais. Reconhecer essas diferenças e respeitar o que é importante para o outro pode ser uma maneira eficaz de minimizar os conflitos relacionados com o dinheiro.

Entender como o dinheiro influencia as relaçoes e como ele pode gerar conflitos é fundamental para tomarmos decisões financeiras. A chave está em manter um equilíbrio entre as necessidades individuais e coletivas, respeitando os limites e valores dos outros, enquanto buscamos uma gestão financeira harmoniosa em todos os aspectos da nossa vida.

Capítulo 10

Educação Financeira

10.1 Educação

A educação é, de maneira geral, o processo de aquisição de conhecimentos, habilidades, valores e atitudes por meio do ensino e da aprendizagem. Ela pode acontecer de diversas formas, desde a educação formal em escolas e universidades até o aprendizado informal que adquirimos ao longo da vida, por meio de experiências e vivências. A educação é fundamental para o desenvolvimento pessoal e social, pois permite que o indivíduo se torne mais consciente de si mesmo, do mundo ao seu redor e das escolhas que faz.

10.2 Educação Financeira

A educação financeira é uma extensão desse conceito, aplicada especificamente ao campo da administração do dinheiro. Ela envolve o aprendizado de competências que permitem a uma pessoa tomar decisões mais conscientes e equilibradas em relação às finanças pessoais.

Entre essas habilidades, destacam-se: administrar receitas, controlar gastos, investir, poupar, entender riscos financeiros e planejar o futuro. Assim como a educação formal proporciona o desenvolvimento intelectual, esse tipo de conhecimento capacita o indivíduo a lidar com a complexidade da vida financeira de maneira eficiente e estratégica. Não se trata apenas de saber lidar com dinheiro, mas também de desenvolver uma mentalidade responsável e orientada para o equilíbrio e a prosperidade.

10.3 A Importância da Educação Financeira

No mundo atual, com a multiplicidade de produtos financeiros, as constantes mudanças econômicas e as decisões complexas que precisamos tomar, aprender sobre finanças pessoais se tornou essencial. Saber como planejar para a aposentadoria, investir para alcançar objetivos ou administrar uma dívida são atitudes que fazem toda a diferença no nosso bem-estar e segurança financeira.

Esse tipo de conhecimento pode contribuir significativamente para a construção de uma vida mais consciente e organizada. Ao desenvolver competências financeiras, aumentamos nossa capacidade de tomar decisões seguras, planejar o futuro e lidar melhor com imprevistos, promovendo mais autonomia e tranquilidade no dia a dia.

A inserção da educação financeira nas escolas tem ganhado cada vez mais espaço em diversos países. O objetivo é preparar as novas gerações para lidarem de maneira mais responsável com suas finanças desde cedo. Em muitos lugares, o currículo escolar já inclui disciplinas ou atividades que ensinam os estudantes a administrarem o dinheiro, como economizar, criar um orçamento pessoal e até mesmo entender conceitos como juros e investimentos.

No Brasil, por exemplo, a Base Nacional Comum Curricular (BNCC) prevê a inclusão de temas relacionados com a educação financeira no ensino fundamental e médio, com foco na formação de cidadãos mais conscientes, capazes de tomar decisões responsáveis sobre seu dinheiro e seu futuro. Além disso, trata-se de uma competência interdisciplinar, que pode ser trabalhada em diversas áreas do conhecimento, como Matemática, Geografia e Ciências Humanas.

Nas empresas, o incentivo à educação financeira também tem se tornado um pilar importante para o bem-estar dos colaboradores. Iniciativas corporativas vêm contribuindo para reduzir o estresse financeiro e aumentar a produtividade, ao oferecer ferramentas e informações que ajudam os funcionários a gerirem melhor suas finanças pessoais. Isso demonstra que o conhecimento financeiro, quando aplicado de forma prática, gera impactos positivos tanto na vida pessoal quanto no ambiente profissional.

Além disso, plataformas digitais e aplicativos têm democratizado o acesso a conteúdos sobre finanças, permitindo que qualquer pessoa, em qualquer lugar, possa aprender sobre orçamento, investimentos, endividamento e planejamento financeiro. ***Sites*** como o do Banco Central do Brasil, por exemplo, disponibilizam materiais gratuitos, ricamente ilustrados e em linguagem acessível, que ajudam na compreensão de conceitos, muitas vezes, considerados complexos.

Por tudo isso, é importante lembrar que a educação financeira é um processo contínuo e adaptativo. À medida que nossas condições de vida mudam, novas habilidades e conhecimentos se tornam necessários. Manter-se informado, buscar conteúdos de qualidade e desenvolver uma postura de aprendizado constante são atitudes fundamentais para alcançar equilíbrio financeiro, segurança e autonomia.

Capítulo 11

Comportamento do Mercado

O **comportamento do mercado** refere-se ao padrão coletivo de decisões e ações tomadas pelos participantes de um mercado, como consumidores, investidores e empresas. Esses comportamentos não são baseados exclusivamente em lógica ou análise fria de dados, como também são profundamente influenciados por fatores psicológicos, sociais e emocionais. Em finanças comportamentais, o comportamento do mercado é um dos principais temas de estudo, já que ele revela como as decisões individuais se agregam para moldar o comportamento coletivo e, por fim, determinar as flutuações do mercado financeiro.

Esse campo se interessa por entender como os vieses cognitivos, como o viés de confirmação ou o efeito manada, por exemplo, afetam não apenas as escolhas pessoais, mas também o movimento dos preços de ativos, a volatilidade dos mercados e até mesmo as bolhas financeiras. Embora, em teoria, os mercados financeiros sejam mais eficientes quando todos tomam decisões racionais e informadas, sabemos que as emoções e as percepções distorcidas podem levar a distúrbios e distorções.

O comportamento do mercado importa profundamente para **finanças comportamentais**, pois permite identificar as causas das irracionalidades e desvios observados nas decisões financeiras, tanto em mercados financeiros quanto em outros cenários econômicos. Ele ajuda a entender por que as pessoas podem tomar decisões financeiras que não são as mais vantajosas a longo prazo, como investir em ativos supervalorizados ou se afastar de oportunidades lucrativas por medo.

Ao compreender como o comportamento de massa influencia os mercados, podemos criar estratégias mais eficientes de gestão de riscos e melhorar a educação financeira das pessoas, ajudando-as a evitar os erros mais comuns causados pela Psicologia Comportamental. O capítulo a seguir explora como esses comportamentos se manifestam nos mercados, os fatores que os impulsionam e as consequências para a economia e as finanças pessoais.

Capítulo 12

Dinheiro e Felicidade

A relação entre dinheiro e felicidade é um tema que desperta grande interesse e debate. Por muitos séculos, acreditou-se que o dinheiro seria a chave para a felicidade, mas à medida que avançamos para uma compreensão mais profunda do comportamento humano, começamos a perceber que a resposta para essa equação não é tão simples quanto parece. A busca por uma vida feliz e equilibrada envolve muito mais do que apenas acumular riquezas materiais.

12.1 O Paradoxo do Dinheiro e a Felicidade

Pesquisas científicas demonstram que, até certo ponto, o dinheiro pode de fato contribuir para o bem-estar, mas sua relação com a felicidade não é linear. De acordo com um estudo clássico de Daniel Kahneman e Angus Deaton, publicado em 2010, a felicidade e o bem-estar não aumentam proporcionalmente à medida que a renda sobe, mas tendem a se estabilizar a partir de um certo patamar, geralmente em torno de 75 mil dólares anuais nos Estados Unidos. Isso sugere que, enquanto a segurança financeira é fundamental para uma vida sem preocupações imediatas, uma vez que nossas necessidades básicas estão atendidas, o aumento de renda não tem um impacto significativo no aumento da satisfação com a vida.

Esse paradoxo é, muitas vezes, chamado de "paradoxo da felicidade". Ele nos ensina que, embora o dinheiro seja necessário para fornecer conforto e segurança, ele não é suficiente para garantir a felicidade plena. É mais relevante como o dinheiro é utilizado do que a quantidade que possuímos. A verdadeira felicidade, portanto, está mais ligada ao propósito, às relações interpessoais e ao autoconhecimento.

12.2 Como o Dinheiro Pode Impactar a Felicidade?

O modo como utilizamos o dinheiro pode afetar diretamente o nosso nível de felicidade. Quando utilizamos nosso dinheiro para experiências, como viagens, aprendizado, ou momentos com familiares e amigos, em vez de simplesmente adquirir bens materiais, podemos criar memórias significativas e aumentar o nosso bem-estar. Um estudo conduzido por Elizabeth Dunn e Michael Norton, psicólogos da Universidade de British Columbia, sugere que gastar dinheiro de maneira a promover o bem-estar dos outros — por meio de doações ou presentes — também pode ter um efeito mais positivo sobre nossa felicidade do que gastar em coisas pessoais.

Além disso, a forma como lidamos com o dinheiro tem um impacto considerável. Pessoas que são mais conscientes e disciplinadas em relação aos seus gastos tendem a experimentar maior satisfação financeira e emocional. Por outro lado, aqueles que vivem constantemente endividados ou que sentem ansiedade em relação ao seu futuro financeiro geralmente enfrentam maiores níveis de estresse e insatisfação.

12.3 A Busca pelo Equilíbrio: O Papel da Felicidade Interna Bruta (FIB)

O conceito de Felicidade Interna Bruta (FIB) foi introduzido pelo Butão, um pequeno país asiático, como uma alternativa ao PIB (Produto Interno Bruto), que tradicionalmente mede o crescimento econômico, mas não leva em conta o bem-estar da população. O FIB foca na saúde mental e emocional dos cidadãos, na sustentabilidade ambiental, na preservação da cultura e na qualidade da vida das pessoas, ao invés de simplesmente medir a acumulação de riqueza material.

Esse modelo nos oferece uma visão mais holística e equilibrada de como o dinheiro e a felicidade estão conectados. A felicidade não pode ser medida apenas pelo volume de riquezas, mas pelo impacto que essas riquezas têm na vida das pessoas. Ele propõe que o verdadeiro sucesso de uma nação, e de um indivíduo, deve ser avaliado pela qualidade de vida e pela satisfação geral, e não por indicadores econômicos tradicionais.

12.4 A Relação entre Dinheiro e Satisfação Pessoal

A busca pela felicidade por meio do dinheiro está frequentemente ligada ao desejo de melhorar nossa qualidade de vida, mas as pesquisas mostram que o maior fator de satisfação está no modo como nos sentimos em relação ao que fazemos com o que temos. Contribuir para o bem-estar dos outros, fazer parte de uma comunidade e engajar-se em atividades que trazem propósito e prazer tendem a ser muito mais importante do que qualquer quantidade de dinheiro que possamos acumular. Nesse sentido, Lyubomirsky, Sheldon e Schkade (2005) afirmam que as circunstâncias externas, como o dinheiro, explicam apenas uma pequena parcela da variação na felicidade, e que fatores internos, como propósito, gratidão e engajamento com a vida, desempenham um papel muito mais significativo e sustentável na construção da felicidade duradoura.

12.5 O Valor do Dinheiro

Em última análise, o dinheiro tem um papel fundamental na criação de condições para uma vida equilibrada e tranquila, mas ele não pode ser visto como o único fator determinante da felicidade. É importante reconhecer que a felicidade é uma construção que envolve múltiplos aspectos da vida, como saúde, relações interpessoais e autossatisfação. Para encontrar um equilíbrio saudável, é essencial entender que o dinheiro é um meio para atingir certos objetivos e não um fim em si mesmo.

Por isso, a verdadeira liberdade financeira não está em acumular riquezas, mas sim em usá-las de forma consciente, alinhada aos nossos valores e objetivos de vida. Dessa forma, podemos viver uma vida mais rica não apenas materialmente, mas emocional e espiritualmente.

12.6 A Ilusão do Imediatismo e a Corrida Pela Felicidade

Essa compreensão mais profunda sobre o valor do dinheiro e sobre o verdadeiro significado da felicidade nos convida a uma reflexão ainda mais ampla: será que estamos preparados para investir no que realmente importa? Ou fomos condicionados a buscar resultados imediatos, muitas vezes descolados de qualquer construção duradoura?

Vivemos em uma era marcada pelo imediatismo. As redes sociais, os estímulos constantes e o culto à produtividade criaram um cenário no qual muitos esperam resultados sem esforço, reconhecimento sem preparo e felicidade sem construção. A lógica da conquista rápida invadiu nossa vida: queremos colher antes mesmo de plantar, receber aplausos sem ter ensaiado, ostentar um corpo ideal sem treinar, alcançar sabedoria sem estudo e conquistar sucesso sem enfrentar os tropeços da jornada.

Essa mentalidade impacta diretamente a forma como lidamos com o dinheiro e com o que ele representa. O dinheiro, muitas vezes, é visto como um atalho para a felicidade — como se bastasse alcançá-lo para resolver todos os dilemas existenciais. Porém, essa é uma armadilha emocional. Quando a busca é apenas pelo ter e não pelo ser, mesmo grandes quantias podem se mostrar incapazes de preencher o vazio interior.

O sociólogo Zygmunt Bauman (2008) já alertava para os riscos de uma modernidade líquida, na qual "tudo é provisório, instável, e até as relações humanas se tornaram produtos de consumo", levando o indivíduo a uma sensação constante de insatisfação. Da mesma forma, Byung-Chul Han (2015) reflete que vivemos numa sociedade do desempenho, na qual o sujeito explora a si mesmo em nome da eficiência, e na qual o excesso de positividade leva ao cansaço e à exaustão emocional.

A verdadeira felicidade requer construção, tempo, consciência e propósito. Não está em fórmulas rápidas, mas na capacidade de apreciar o caminho, de aprender com os erros e de desenvolver relacionamentos significativos. Como nos lembra o psicólogo Barry Schwartz (2004), "a obsessão por escolhas ilimitadas pode nos paralisar e nos deixar menos satisfeitos com as decisões que tomamos" — inclusive as decisões financeiras.

12.7 O Impacto do Dinheiro nas Relações Pessoais e na Felicidade

O dinheiro, como discutido anteriormente, exerce um papel fundamental em nossas vidas, mas sua influência vai além das questões materiais e financeiras. A forma como lidamos com o dinheiro e como ele afeta nossas relações interpessoais está diretamente ligada ao nosso bem-estar e à nossa felicidade. As relações pessoais, sejam familiares, amorosas ou de amizade, podem ser profundamente impactadas pelas pressões financeiras, tanto positivas quanto negativas.

Por um lado, a estabilidade financeira pode proporcionar um ambiente mais seguro e confortável para as relações, permitindo que as pessoas se concentrem no fortalecimento dos laços afetivos, sem o peso constante das preocupações financeiras. Por outro lado, tensões relacionadas ao dinheiro podem gerar conflitos, ansiedade e estresse, afetando diretamente a qualidade das interações e a satisfação nas relações pessoais.

Pesquisas indicam que a forma como utilizamos o dinheiro nas nossas relações também pode ser um indicativo da nossa felicidade. Gastar dinheiro com os outros, seja por meio de presentes, doações ou experiências compartilhadas, tende a gerar mais felicidade do que gastar em bens materiais pessoais. Estudos de Elizabeth Dunn e Michael Norton (2013) demonstram que a generosidade, ao contribuir para o bem-estar de outras pessoas, ativa áreas do cérebro associadas à felicidade e ao prazer, evidenciando que o impacto social do dinheiro é um fator essencial na construção da felicidade.

Além disso, a cultura de consumo rápido e imediatista, amplamente disseminada pelas redes sociais, tem criado um ambiente no qual as relações são, muitas vezes, tratadas como transações. As expectativas irreais de sucesso e perfeição material podem gerar insatisfações e frustrações nas relações, levando à busca constante por validação externa e ao aumento da pressão financeira. Bauman (2008) aponta que, na "modernidade líquida", as relações humanas tornaram-se efêmeras e instáveis, e o excesso de consumo acaba gerando um vazio existencial, afetando a maneira como as pessoas se conectam umas com as outras.

A verdadeira felicidade, portanto, não reside em quanto dinheiro possuímos, mas em como usamos esse recurso para enriquecer nossas relações e criar experiências que fortaleçam os laços sociais. É preciso, assim, cultivar um equilíbrio financeiro consciente que permita viver de acordo com nossos valores, sem que o dinheiro se torne um obstáculo ou uma obsessão.

O dinheiro tem, sim, um impacto em nossa felicidade, mas sua influência é limitada. A chave para uma vida plena e feliz não está apenas em como ganhamos ou gastamos, mas em como usamos o que temos para criar experiências que tragam satisfação genuína e relações significativas. A busca por um equilíbrio financeiro consciente, alinhado aos nossos valores e propósitos, é fundamental para alcançar uma felicidade duradoura e verdadeira.

Capítulo 13

Finanças Comportamentais, Sustentabilidade e Impacto Social

Os **Objetivos de Desenvolvimento Sustentável (ODS)**, definidos pela **Organização das Nações Unidas (ONU)** em 2015, são uma agenda global com 17 metas a serem alcançadas até 2030. Seu foco é erradicar a pobreza, proteger o meio ambiente e garantir paz e prosperidade para todos. Cada objetivo traz metas específicas, formando uma visão integrada para um futuro mais justo, sustentável e equilibrado.

As **finanças comportamentais** têm um papel importante nesse contexto, influenciando diretamente como tomamos decisões financeiras e como essas escolhas podem contribuir para um desenvolvimento mais sustentável. Ao entender como as emoções, os vieses cognitivos e outros fatores psicológicos afetam nossas decisões, podemos moldar comportamentos que promovam tanto o bem-estar individual quanto coletivo.

A seguir, vamos explorar como as **finanças comportamentais** podem se conectar com alguns dos **ODS**, destacando as áreas em que têm o maior impacto.

13.1 Conexão com os Objetivos de Desenvolvimento Sustentável (ODS)

Os Objetivos de Desenvolvimento Sustentável (ODS) têm como missão abordar as grandes questões globais, como a erradicação da pobreza, a promoção da saúde e o combate às desigualdades, estabelecendo um plano de ação para transformar o mundo até 2030. As finanças comportamentais, ao estudar como as decisões financeiras são influenciadas por fatores psicológicos, cognitivas e emocionais, podem ser uma ferramenta poderosa para apoiar a concretização de diversos desses objetivos.

A associação mais imediata pode ser observada no ODS 3, relacionado com a Saúde e Bem-estar, em que as finanças comportamentais desempenham um papel crucial ao influenciar as decisões de consumo, especialmente no que diz respeito a comportamentos prejudiciais à saúde, como vícios ou compras impulsivas. Ao promover decisões financeiras mais equilibradas e conscientes, é possível reduzir gastos desnecessários com produtos prejudiciais e investir em hábitos mais saudáveis e em políticas públicas que incentivem a saúde financeira como parte do bem-estar.

No ODS 8, que trata do Trabalho Decente e Crescimento Econômico, as finanças comportamentais podem contribuir ao fomentar decisões que alinhem a busca por resultados financeiros imediatos com a sustentabilidade a longo prazo. Isso é especialmente relevante no ambiente empresarial, em que mudanças nos comportamentos podem garantir remuneração justa e melhores condições de trabalho, promovendo uma economia mais inclusiva e responsável.

A conexão com o ODS 10, Redução das Desigualdades, também é forte, visto que as finanças comportamentais podem ser utilizadas para diminuir barreiras psicológicas que perpetuam as desigualdades, como o viés de ancoragem e o viés de ***status quo***. Pelo entendimento desses vieses, podemos criar políticas financeiras que incentivem a inclusão econômica, aumentando o acesso a recursos e oportunidades para grupos marginalizados.

No ODS 12, Consumo e Produção Responsáveis, as finanças comportamentais influenciam diretamente as atitudes dos consumidores, incentivando escolhas mais responsáveis e alinhadas com a sustentabilidade. Compreender como os indivíduos tomam decisões financeiras pode ajudar a promover hábitos de consumo que favoreçam produtos e práticas empresariais mais sustentáveis, minimizando impactos negativos no meio ambiente.

Finalmente, no ODS 13, Ação Contra a Mudança Global do Clima, as finanças comportamentais podem orientar decisões de investimento e consumo para projetos mais sustentáveis, como a adoção de energias renováveis e produtos ecologicamente responsáveis. Ao reconhecer e mitigar os vieses que favorecem o consumo de produtos não sustentáveis, podemos direcionar o comportamento financeiro para opções mais verdes e alinhadas com as necessidades urgentes do meio ambiente.

Essas conexões evidenciam como a aplicação das finanças comportamentais pode apoiar a implementação dos ODS, criando um ambiente propício para escolhas mais conscientes, responsáveis e alinhadas com os desafios globais que enfrentamos.

A seguir, apresentamos uma tabela resumida que destaca os ODS mais diretamente conectados às finanças comportamentais, mostrando como cada um deles pode se beneficiar das abordagens adotadas neste campo.

ODS	Descrição	Conexão com Finanças Comportamentais
ODS 3 - Saúde e Bem-estar	Promover a saúde e o bem-estar para todos.	As finanças comportamentais ajudam a orientar escolhas de consumo mais saudáveis, promovendo decisões financeiras conscientes que favorecem o bem-estar e ações preventivas.

ODS	Descrição	Conexão com Finanças Comportamentais
ODS 8 - Trabalho Decente e Crescimento Econômico	Promover crescimento econômico inclusivo, sustentável e empregos decentes.	As finanças comportamentais podem fomentar a criação de políticas financeiras que equilibrem resultados imediatos com sustentabilidade, promovendo condições de trabalho mais justas e equitativas.
ODS 10 - Redução das Desigualdades	Reduzir desigualdades dentro e entre os países.	Ao entender os vieses psicológicos que perpetuam desigualdades, as finanças comportamentais podem ajudar a criar políticas inclusivas e aumentar o acesso a recursos financeiros para grupos marginalizados.
ODS 12 - Consumo e Produção Responsáveis	Garantir padrões de consumo e produção sustentáveis.	Influenciar as decisões de compra dos consumidores para que adotem práticas de consumo mais responsáveis, além de incentivar empresas a considerarem os impactos ambientais em sua produção.
ODS 13 - Ação Contra a Mudança Global do Clima	Combater a mudança climática e seus impactos.	As finanças comportamentais orientam os consumidores e investidores a escolherem alternativas mais sustentáveis, como investimentos em energias renováveis e produtos ecológicos.

13.2 A BNCC e a Formação para a Sustentabilidade

A **BNCC** visa garantir que os estudantes no Brasil adquiram competências para uma vida cidadã plena e para a formação de valores essenciais, incluindo o respeito à sustentabilidade e ao desenvolvimento social. As finanças comportamentais podem ser integradas ao currículo educacional, ajudando os estudantes a entenderem como suas escolhas financeiras impactam o mundo ao seu redor.

- **Educação Financeira e Sustentabilidade**: A BNCC contempla a **educação financeira** como um componente importante para o desenvolvimento da consciência crítica dos alunos. Esse ensino deve incluir não apenas a gestão de recursos pessoais, mas também uma compreensão profunda dos impactos sociais e ambientais de nossas decisões econômicas.
- **Decisões Sustentáveis**: Ao entender os vieses comportamentais que afetam a tomada de decisão financeira, os estudantes podem ser capacitados para adotar práticas financeiras mais sustentáveis, tanto no âmbito pessoal quanto em suas futuras carreiras profissionais.

13.3 ESG e Finanças Comportamentais: Como Incorporar Sustentabilidade nas Decisões de Investimento

O conceito **ESG (Environmental, Social, and Governance)** se refere a práticas empresariais que consideram o impacto ambiental, social e a governança das empresas nas suas decisões financeiras. Com a crescente demanda por investimentos sustentáveis, as finanças comportamentais desempenham um papel fundamental ao ajudar investidores a superar os vieses que podem distorcer sua visão sobre os riscos e oportunidades relacionadas com a sustentabilidade.

- **Investimentos Sustentáveis**: Muitos investidores, influenciados por vieses comportamentais como o "efeito manada" (no qual investem aonde todos estão indo), acabam negligenciando as oportunidades de investimentos sustentáveis. Incorporar as finanças comportamentais no ESG pode ajudar a direcionar o capital para empresas e projetos que realmente estejam comprometidos com práticas responsáveis.

- **Promoção de Decisões Éticas**: As finanças comportamentais podem ajudar a diminuir o viés de confirmação que, muitas vezes, leva os investidores a escolherem empresas que já são bem estabelecidas no mercado, ignorando aquelas que têm um forte compromisso com a sustentabilidade.

13.4 Empreendedorismo Social e Finanças Comportamentais: A Busca pelo Impacto Positivo

O **empreendedorismo social** é voltado para a criação de soluções inovadoras que resolvam problemas sociais, ambientais ou culturais. Ele se distingue do empreendedorismo tradicional, que visa ao lucro como principal objetivo, ao ter como foco o impacto positivo na sociedade.

- **Decisões Financeiras Alinhadas com Propósitos Sociais**: Os empreendedores sociais, ao tomar decisões financeiras, precisam equilibrar o impacto social com a viabilidade financeira. As finanças comportamentais podem auxiliar esses empreendedores ao minimizar erros cometidos pela intuição ou pela pressão social, promovendo decisões financeiras mais alinhadas com a sustentabilidade social e ambiental.
- **Impacto Social Por Meio de Investimentos**: A compreensão dos fatores emocionais e psicológicos que moldam as escolhas financeiras permite que os empreendedores sociais consigam atrair investidores que compartilhem seus valores, além de otimizar o uso dos recursos para alcançar maior impacto social.

O encontro das finanças comportamentais com a sustentabilidade e o impacto social oferece uma perspectiva única para enfrentar os desafios globais atuais.

Com as ferramentas certas, podemos transformar as decisões financeiras para que não sejam apenas lucrativas, mas também alinhadas com a construção de um futuro mais justo, equilibrado e sustentável. Integrar essas áreas nas políticas educacionais, no desenvolvimento de negócios e nos investimentos é essencial para promover um impacto positivo e duradouro na sociedade e no planeta.

Capítulo 14

Finanças Comportamentais e Espiritualidade

A relação entre **finanças comportamentais** e **espiritualidade** pode ser compreendida por meio da maneira como os valores internos e a reflexão pessoal influenciam a tomada de decisões financeiras. A espiritualidade, entendida como uma busca por equilíbrio, propósito e bem-estar, pode orientar a forma como lidamos com o dinheiro e as escolhas financeiras, promovendo uma gestão mais consciente e ética.

14.1 Tomada de Decisão e Consciência Pessoal

O processo de tomada de decisão financeira é frequentemente influenciado por fatores emocionais e psicológicos, como medos, inseguranças e desejos imediatos. Quando estamos mais conscientes de nossas motivações internas, podemos tomar decisões mais equilibradas e alinhadas com nossos valores, em vez de sermos guiados por impulsos momentâneos. A prática de reflexão pessoal ou o cultivo de uma visão mais profunda sobre o propósito de nossas ações financeiras pode ajudar a combater comportamentos prejudiciais, como o consumo impulsivo ou a acumulação excessiva de bens materiais.

14.2 Desapego e Consumo Consciente

Muitas vezes, o consumo excessivo está ligado à busca por satisfação momentânea e reconhecimento social. A prática de desapego, ou seja, a compreensão de que a felicidade não depende da posse de bens materiais, pode ajudar a reduzir a pressão para consumir de forma irresponsável. Em finanças comportamentais, isso pode ser traduzido em decisões de consumo mais equilibradas e sustentáveis, alinhadas com um estilo de vida mais simples e focado no bem-estar integral.

14.3 A Gratidão e a Percepção de Abundância

A prática da gratidão, um princípio presente em diversas abordagens para o bem-estar, pode influenciar diretamente a relação com o dinheiro. Quando cultivamos a gratidão, passamos a perceber as riquezas que já possuímos, o que pode levar a uma maior satisfação com menos, reduzindo o desejo de adquirir coisas desnecessárias. Em termos financeiros, isso pode resultar em escolhas mais focadas em qualidade, longevidade e impacto positivo, ao invés de uma busca incessante por mais.

14.4 Propósito e Equilíbrio

A busca por um propósito maior em nossas ações também pode afetar nossas decisões financeiras. Quando as finanças são tratadas não apenas como uma ferramenta para alcançar objetivos materiais, mas também como um meio de promover bem-estar, justiça social e sustentabilidade, podemos tomar decisões mais éticas e alinhadas com os valores de longo prazo. A conexão com o propósito pode orientar investimentos e ações financeiras que favoreçam a equidade e a responsabilidade social.

A integração de uma visão mais equilibrada e consciente sobre o dinheiro pode não apenas melhorar as decisões financeiras individuais, mas também contribuir para um ambiente mais ético e justo. Ao compreender os fatores psicológicos que influenciam o comportamento financeiro e ao adotar uma abordagem mais reflexiva e voltada para o bem-estar, as finanças comportamentais podem contribuir para a construção de uma vida financeira mais equilibrada e alinhada com valores de sustentabilidade e responsabilidade.

Estudos recentes (Gonçalves, 2024) destacam como a espiritualidade — entendida como a busca por propósito, equilíbrio e conexão com algo maior — pode influenciar positivamente a tomada de decisões no ambiente corporativo e na vida pessoal. Essa abordagem amplia a compreensão das finanças comportamentais ao considerar não apenas fatores emocionais e cognitivos, mas também aspectos existenciais e éticos que moldam a relação com o dinheiro.

Ao alinhar valores pessoais com ações financeiras, o indivíduo tende a agir de forma mais consciente, reduzindo comportamentos impulsivos e orientando-se por escolhas mais sustentáveis e coerentes com seu propósito de vida. Isso sugere que a espiritualidade pode funcionar como um moderador de vieses cognitivos e emocionais, contribuindo para uma gestão mais ética e equilibrada dos recursos.

Se a espiritualidade pode, de fato, influenciar as decisões financeiras de forma mais consciente e alinhada com valores profundos, é no cotidiano que isso se revela de maneira mais clara. O próximo capítulo convida à reflexão sobre histórias concretas que mostram como nossas emoções, crenças e propósitos se manifestam em escolhas financeiras — e como, muitas vezes, nesses momentos é que compreendemos o verdadeiro valor do dinheiro.

Capítulo 15

Histórias Reais: Sucessos, Alertas e Aprendizados em Finanças

A vida não nos entrega manuais prontos. Ela ensina pelas curvas, pelos tropeços, pelos acertos inesperados e pelas decisões que tomamos quando ninguém está olhando. É nesse cotidiano, com seus desafios e imperfeições, que aprendemos o verdadeiro valor do dinheiro — não apenas como meio de troca, mas como reflexo das nossas escolhas, crenças e prioridades.

Ao longo dos anos, acompanhando pessoas, negócios e trajetórias, percebi que as decisões financeiras raramente são puramente racionais. São carregadas de significados. A mulher que decide guardar um pouco por mês para realizar o sonho de abrir um salão de beleza. O jovem que resiste à pressão do consumo e escolhe investir no próprio desenvolvimento. O pai que, mesmo com pouco, ensina ao filho sobre gratidão e generosidade. Cada uma dessas escolhas conta uma história.

E nessas histórias há lições valiosas:

- **A importância de saber esperar**, quando tudo ao redor grita urgência.
- **A coragem de mudar de caminho**, mesmo com medo do desconhecido.
- **A sabedoria de reconhecer que "ter" não é sinônimo de "ser"**.
- **O poder de uma decisão consciente**, que pode transformar não só a vida de quem a toma, mas também de quem está por perto.

O que a vida me ensinou — e continua ensinando — é que o dinheiro revela, mais do que transforma. Ele amplifica aquilo que já existe dentro de nós: os medos, os valores, os desejos, as inseguranças e os sonhos. E quando olhamos para ele com mais escuta, propósito e responsabilidade, ele deixa de ser apenas um recurso e passa a ser um instrumento de liberdade e significado.

Essa é a beleza da vida real: ela não é perfeita, mas é profundamente educativa. Cada desafio financeiro, cada dilema ético, cada conquista, é uma oportunidade de refletir sobre o que realmente importa. E quanto mais alinhados estivermos com nossos valores mais essenciais — aqueles que nascem da experiência, da escuta interior e da consciência — mais coerentes e saudáveis serão nossas escolhas.

Este capítulo é um convite para olhar com mais carinho para as suas próprias histórias. Para enxergar nas suas decisões financeiras — passadas ou futuras — não apenas números, mas intenções. Porque, no fim das contas, a maior lição da vida real é esta: dinheiro é sobre escolhas, e escolhas são sobre quem escolhe.

Antes de seguir, que tal conhecer algumas histórias que têm tudo a ver com o que a gente sente quando lida com dinheiro?

São relatos simples, mas cheios de significado. Pode ser que algum deles fale diretamente com você.

Nota ao leitor: Os relatos a seguir são inspirados em situações reais vivenciadas ao longo da minha trajetória como consultor, educador e profissional da área financeira. Foram extraídos de atendimentos, vivências familiares e pessoais, sempre preservando a identidade dos envolvidos. Para manter a confidencialidade, os nomes utilizados são fictícios.

Relato 1 – A Universitária e o Cartão de Crédito

Contexto: Marina, 22 anos, estudante universitária, começou a usar o cartão de crédito para emergências. Com o tempo, passou a gastar por impulso para aliviar a ansiedade cotidiana. Chegou a um nível de endividamento sem saber como pagar.

Viés Cognitivo:

- **Viés do Prazer Imediato ou Desconto Hiperbólico**: priorização de recompensas rápidas em detrimento do bem-estar futuro.
- **Evitamento da Dor**: evitava olhar faturas e falar com os pais.

Quadro Reflexivo:

- Quais sentimentos me levam a comprar?
- Estou tentando preencher um vazio com consumo?
- Como me sentiria se não comprasse agora?

Relato 2 – O Pai e o Curso *Online* Milagroso

Contexto: Robson, 39 anos, vendeu o carro para fazer um curso ***online*** que prometia retorno financeiro rápido. Movido pela esperança e impulsionado por anúncios apelativos, negligenciou riscos. Terminou endividado, frustrado e sem emprego.

Viés Cognitivo:

- **Viés de Confirmação**: buscava apenas informações que validassem a decisão de investir no curso.
- **Excesso de Confiança**: acreditou mais em sua intuição do que em dados reais.

Quadro Reflexivo:

- Estou acreditando em promessas que desejo que sejam verdade?
- Há sinais de alerta que estou ignorando?
- Conversei com alguém de confiança antes de tomar essa decisão?

Relato 3 – O Empreendedor e a Vaidade Financeira

Contexto: Luís, dono de uma barbearia, trocou de carro para um modelo de luxo ao ver colegas fazendo o mesmo. As parcelas comprometeram parte do fluxo de caixa do negócio, que passou a operar no vermelho. "Eu queria mostrar que venci", confessou.

Viés Cognitivo:

- **Viés de *Status***: associou consumo visível com sucesso e reconhecimento.
- **Ancoragem Social**: comparou-se aos outros sem considerar sua realidade.

Quadro Reflexivo:

- Estou comprando isso por mim ou para os outros?
- Essa decisão reflete meus valores ou meu ego?

Relato 4 – A Mãe e os Presentes para os Filhos

Contexto: Joana, mãe solo, costumava compensar sua ausência com presentes caros para os filhos. Ao final do mês, mal conseguia pagar as contas. Percebeu que estava tentando suprir sua culpa com consumo.

Viés Cognitivo:

- **Viés de Compensação Emocional**: uso do dinheiro como forma de afeto ou reparação.
- **Viés de Racionalização**: justificava os gastos como "um direito dos filhos".

Quadro Reflexivo:

- Estou dando presentes ou presença?
- Isso está vindo do amor ou da culpa?

Relato 5 – A Aposentada e os Jogos de Prêmios

Contexto: Dona Lurdes, 65 anos, passou a investir parte da aposentadoria em rifas e jogos de loteria, esperando mudar de vida. Quando questionada, dizia: "Vai que é minha vez!". Ao longo do tempo, acumulou perdas mensais significativas.

Viés Cognitivo:

- **Viés da Loteria (Viés de Otimismo)**: superestimação da chance de sucesso em apostas de alto risco.
- **Viés de Aversão à Perda**: insistia para recuperar o que perdeu, mesmo que isso gerasse novas perdas.

Quadro Reflexivo:

- Estou apostando ou investindo?
- Estou correndo risco ou cultivando esperança ilusória?

Relato 6 – A Jovem e o Investimento da Moda

Contexto: Kátia, 28 anos, analista de ***marketing***, viu vários colegas comprando criptomoedas e sentiu que "estava ficando para trás". Sem estudar o assunto, investiu boa parte da sua reserva de emergência no ativo. Quando o mercado caiu, entrou em pânico e vendeu com prejuízo.

Viés Cognitivo:

- **Viés de Efeito Manada**: tomar decisões baseadas na ação da maioria, sem análise crítica.
- **Viés da Pressão Social Implícita**: medo de perder oportunidades por não seguir os outros.

Quadro Reflexivo:

- Estou fazendo isso porque quero ou porque os outros estão fazendo?
- Entendo de fato o que estou comprando/investindo?
- Quais riscos estou assumindo sem perceber?

Relato 7 – O Executivo e a Influência da Imagem

Contexto: Rubens, 47 anos, gerente sênior de uma empresa, contratou um novo consultor financeiro por ter se impressionado com a aparência sofisticada e segurança na fala. Ignorou sinais de falta de qualificação técnica. Pouco tempo depois, descobriu que o profissional havia feito movimentações prejudiciais.

Viés Cognitivo:

- **Efeito Halo**: tendência de julgar positivamente uma pessoa com base em uma única característica (no caso, aparência e autoconfiança).
- **Viés da Autoridade Aparente**: confundir presença ou postura com competência.

Quadro Reflexivo:

- Estou confiando pela essência ou pela aparência?
- Já verifiquei os fatos ou estou indo pela impressão?

Relato 8 – O *Influencer* e a "Prova Social"

Contexto: Flávio, criador de conteúdo digital, começou a promover produtos financeiros que seus colegas também divulgavam. Não estudava os produtos, apenas replicava os roteiros. Ao ser questionado por seguidores sobre prejuízos, percebeu que nem sabia como os serviços funcionavam.

Viés Cognitivo:

- **Viés da Prova Social**: acreditar que algo é certo ou válido apenas porque muitas pessoas fazem ou aprovam.
- **Viés de Desligamento Ético**: justificar ações por se sentirem parte de um grupo maior que "faz igual".

Quadro Reflexivo:

- Eu consumiria esse produto se ninguém mais estivesse falando sobre ele?
- Estou reproduzindo ou realmente acredito no que promovo?

Relato 9 – A Professora e o Efeito do Presente

Contexto: Solange, 52 anos, professora da rede pública, sempre foi muito controlada com as finanças. Porém, após receber um bônus inesperado de férias acumuladas, sentiu-se "merecedora" de gastar e foi às compras. Quando viu, havia usado metade do valor com itens não planejados.

Viés Cognitivo:

- **Viés do Dinheiro Mentalmente Segregado (*Mental Accounting*)**: tratar o dinheiro como se tivesse "rótulos" diferentes, ignorando o todo financeiro.
- **Viés de Recompensa Imediata**: associar ganho inesperado com permissão automática para gastar.

Quadro Reflexivo:

- Estou tratando esse dinheiro com consciência ou como um "presente"?
- Como esse gasto afeta meu equilíbrio futuro?

Relato 10 – O Jovem e o "Viés do Ponto de Referência"

Contexto: Leandro, 30 anos, recebeu uma proposta de emprego com um salário menor do que o atual, mas com mais qualidade de vida e plano de carreira. Recusou imediatamente, comparando com seu salário atual, sem considerar o contexto mais amplo.

Viés Cognitivo:

- **Viés de Ancoragem (ou Ponto de Referência)**: tomar decisões com base em um dado inicial (salário atual), mesmo que não seja o mais relevante no momento.
- **Viés de Aversão à Perda Potencial**: preferiu manter o valor conhecido ao arriscar um benefício futuro.

Quadro Reflexivo:

- Estou preso a um número ou estou considerando meu bem-estar como um todo?

- O que estou priorizando de verdade: valor ou valor de vida?

Relato 11 – A Servidora Pública e o Conforto do Conhecido

Contexto: Márcia, 42 anos, servidora pública estável, recebeu uma proposta para coordenar um novo projeto em outra secretaria, com maior responsabilidade e chance de crescimento. Apesar de se sentir estagnada em sua função atual, recusou a oportunidade, alegando "melhor não mexer no que já está funcionando".

Viés Cognitivo:

- **Viés de *Status Quo***: tendência a preferir que as coisas permaneçam como estão, mesmo que mudar possa trazer benefícios.
- **Viés de Inércia Decisional**: dificuldade em alterar hábitos ou cenários familiares.

Quadro Reflexivo:

- Estou confortável ou estou me escondendo do novo?
- O que me prende à situação atual: segurança ou medo?
- O que a espiritualidade me ensina sobre confiança e propósito?

Relato 12 – O Empreendedor e a Ilusão de Controle

Contexto: Milton, dono de uma pequena empresa de alimentação saudável, passou a acreditar que tudo dependia exclusivamente de seu controle pessoal. Ignorou dados do mercado e conselhos técnicos, acreditando que seu ***feeling*** seria suficiente para atravessar uma crise. Acabou acumulando dívidas e se desgastando emocionalmente.

Viés Cognitivo:

- **Viés da Ilusão de Controle**: superestimar a capacidade de controlar eventos externos ou aleatórios.
- **Viés de Otimismo Irrealista**: acreditar que tudo dará certo apenas por esforço pessoal.

Quadro Reflexivo:

- Estou confundindo responsabilidade com controle absoluto?
- Estou ouvindo os sinais ou tentando forçar o caminho?
- Como posso praticar a entrega e o desapego conscientes?

Relato 13 – A Estudante e o Peso do Agora

Contexto: Gisele, estudante de pós-graduação, vinha mantendo uma rotina financeira equilibrada. No entanto, após um mês de muitas promoções ***online*** e influenciada por conteúdos recentes que exaltavam "compras conscientes como autocuidado", exagerou nos gastos e estourou o limite do cartão.

Viés Cognitivo:

- **Viés de Recência**: tendência a dar mais peso às informações ou experiências mais recentes em detrimento de dados anteriores ou planejamentos de longo prazo.
- **Viés de Impulsividade Contextual**: tomar decisões imediatistas sob influência emocional recente.

Quadro Reflexivo:

- Estou tomando essa decisão com base em um impulso atual ou num plano maior?
- O que mudou: minha realidade ou minha percepção momentânea?
- Como posso reconectar minhas ações com meus valores mais profundos?

Relato 14 – A Reserva, a Crítica e a Culpa

Contexto: Estela sempre foi extremamente controlada com seu orçamento. Após anos de esforço, conseguiu montar uma reserva financeira. No entanto, após uma discussão familiar, sua mãe comentou que "dinheiro guardado demais é avareza". Sentindo-se incomodada com a crítica, Estela decidiu pagar a reforma da casa da mãe, mesmo sabendo que isso comprometeria parte do que havia reservado.

Viés cognitivo:

- **Dissonância Cognitiva**: Estela sente um conflito interno entre seu valor (organização financeira) e a crítica recebida (avareza). Para aliviar esse desconforto, ela muda sua atitude e gasta o dinheiro.

Quadro Reflexivo:

- Como lidar com comentários familiares que questionam nossas escolhas financeiras?
- O que te motiva mais: manter seu planejamento ou ser aceito(a) pelo outro?

Relato 15 – O Tênis e a Aparência de Sucesso

Contexto: Carlos trabalha em um escritório onde muitos colegas exibem bens de luxo. Apesar de estar endividado, decidiu comprar um tênis de marca, parcelado em dez vezes, apenas para "não parecer o único que não tem". Ele contou que queria ser visto como alguém "bem-sucedido" como os demais.

Viés cognitivo:

- **Desejabilidade Social**: age conforme o que ele acredita que os outros esperam dele, mesmo que isso vá contra sua realidade financeira.

Quadro Reflexivo:

- Já sentiu a pressão de se parecer com o grupo?
- O quanto da sua vida financeira reflete quem você é — e não quem você *quer parecer*?

Relato 16 – Presentes Para Não Perder o Amor

Contexto: Giulia está em um relacionamento conturbado. Sempre que há um conflito, ela compra algo para o parceiro: um presente, uma viagem, um jantar especial. Em uma conversa, revelou: "Não sei se ele ainda gosta de mim... então faço essas coisas para tentar manter ele por perto."

Viés cognitivo:

- **Aversão à Perda Relacional**: medo de perder o vínculo afetivo, e compensa esse medo com gastos que tentam preservar o relacionamento.

Quadro Reflexivo:

- O que você está tentando manter ao gastar com alguém?
- Existe equilíbrio entre o que você sente, o que você dá e o que recebe?

Relato 17 – As Compras Como Alívio

Contexto: Fernanda, após dias estressantes no trabalho, costuma ir a ***shoppings*** "só para olhar". Ela relata que "chega em casa mais leve" após comprar roupas ou objetos que nem sempre usa. Questionada sobre isso, responde: "Pelo menos me senti melhor na hora."

Viés cognitivo:

- **Viés de Recompensa Instantânea (ou Gratificação Imediata)**: o impulso de sentir alívio ou prazer no presente acaba prevalecendo sobre os prejuízos financeiros futuros. Esse viés é intensificado por fatores emocionais como ansiedade, estresse ou sensação de vazio.

Quadro Reflexivo:

- Você já comprou algo para tentar preencher uma emoção?
- Quais são outras formas de se cuidar que não envolvem gastar?

Relato 18 – O Medo que Paralisa

Contexto: Jonas sabe que está com dívidas em atraso e que deveria renegociar. Mas sempre que pensa nisso, sente angústia, vergonha e medo de encarar sua real situação. Então, adia constantemente a decisão. Quando a cobrança chega, ele se sente ainda pior e ignora. Isso já gerou bloqueios no nome, juros altos e muita ansiedade.

Viés cognitivo:

- **Procrastinação Decisória (associada ao Viés de Evitação)**: evita tomar decisões difíceis por causa do desconforto emocional. A tendência é se afastar da dor imediata (enfrentar os números), mesmo que isso traga mais prejuízo no longo prazo.

Quadro Reflexivo:

- Você evita olhar para sua vida financeira? Por quê?
- Que decisões você poderia tomar hoje para aliviar esse peso?

Relato 19 – A Crise e o Medo de Perder o Padrão

Contexto: Meire, 43 anos, gerente de ***marketing***, foi demitida após 15 anos de estabilidade em uma multinacional. Mesmo com o susto, decidiu manter seu estilo de vida como forma de "não parecer abalada". Continuou pagando escola particular para os filhos, alugando carro em viagens e frequentando os mesmos restaurantes. Seis meses depois, estava sem reservas financeiras, com dívidas no cartão e sem recolocação. Quando questionada, dizia: "Se eu mudasse tudo, seria como admitir que perdi."

Viés Cognitivo:

- **Viés de Conservação de Imagem (também relacionado ao Viés de Aderir à Identidade)**: manter padrões mesmo sem recursos, para proteger a autoimagem.
- **Aversão à Perda de *Status***: recusa-se a aceitar uma realidade mais simples para não "parecer em queda".

Quadro Reflexivo:

- Estou vivendo de acordo com minha realidade ou com minha imagem?
- Até que ponto estou tentando provar algo para mim ou para os outros?
- Que liberdade posso conquistar ao ajustar meu estilo de vida com mais consciência?

Relato 20 – O Filho e o Peso da Expectativa Familiar

Contexto: Márcio, 34 anos, formado em Direito, decidiu empreender após perceber que o mundo corporativo não o satisfazia. Abriu uma pequena cafeteria com sua esposa, onde unia o gosto por café e hospitalidade. No entanto, após alguns meses de faturamento instável, começou a ouvir dos pais: "Você largou uma carreira promissora para isso?", "Isso não é coisa de quem estudou tanto...". A pressão emocional fez com que Márcio começasse a tomar decisões ruins para provar que o negócio daria certo rapidamente — ampliou o espaço sem capital suficiente, contratou sem planejamento, e se endividou.

Viés Cognitivo:

- **Viés da Pressão por Expectativa Social**: decisões guiadas pelo desejo de provar algo a alguém, em vez de agir conforme o plano estratégico.
- **Viés de Escalada de Compromisso**: manter-se em uma escolha ruim só para não "dar o braço a torcer".

Quadro Reflexivo:

- Minhas decisões estão a serviço do meu propósito ou da expectativa dos outros?
- Estou insistindo por convicção ou por medo de parecer que errei?
- O que representa, para mim, o sucesso de verdade?

Para Refletir e Praticar

Pergunta para o leitor:

Se o dinheiro que você ganha e gasta falasse sobre você, o que ele contaria?

Exercício prático:

Durante os próximos sete dias, observe uma decisão financeira por dia — pode ser um gasto, uma escolha de economia, um investimento, uma doação ou até uma recusa. Anote:

- O que te motivou a fazer essa escolha?
- Essa decisão está alinhada com os seus valores?
- Como você se sentiu antes e depois de tomá-la?

Ao final da semana, reflita sobre o padrão das suas decisões. O que elas dizem sobre suas crenças, seus medos e seus propósitos?

Cada uma dessas histórias revela um pedaço de algo maior: a nossa humanidade diante do dinheiro. Em vez de fórmulas prontas, o que emerge é a importância de se ouvir, de se conhecer, e de buscar uma relação mais consciente, equilibrada e ética com os recursos que temos.

Pergunta para o leitor:
Qual dessas histórias mais se parece com algo que você já viveu ou conhece alguém que viveu?

As lições da vida real, com todos os seus acertos, tropeços e recomeços, nos mostram que a transformação financeira não começa com fórmulas prontas — mas com consciência. Ver-se nas histórias dos outros pode ser o primeiro passo para reescrever a própria trajetória.

Agora, avançamos para um novo momento: transformar reflexão em atitude. No próximo capítulo, vamos explorar caminhos possíveis e ferramentas acessíveis para quem deseja cultivar uma relação mais equilibrada, saudável e intencional com o dinheiro no dia a dia.

Capítulo 16

Como Transformar sua Vida Financeira: Ferramentas e Práticas Reais

Depois de percorrer as origens, os significados, os comportamentos e as armadilhas do universo financeiro, é hora de dar um passo essencial: transformar conhecimento em prática. Afinal, não basta saber — é preciso agir. E para agir com consciência, precisamos de ferramentas simples, acessíveis e que façam sentido na rotina de cada um.

Mudar não é fácil. Mas é possível. Ao longo deste livro, discutimos como pensamentos, intuições, inconsciente, emoções, crenças, hábitos e contextos moldam nossas decisões financeiras. Agora, chega o momento de transformar esse conhecimento em ação concreta.

Este capítulo é um convite para percorrer caminhos reais de mudança — com ferramentas acessíveis, práticas diárias e atitudes que fortalecem a autonomia, o equilíbrio e a consciência financeira.

16.1 A Importância do Autoconhecimento em Ação

Conhecer a si mesmo é o primeiro passo, mas não é o suficiente. É preciso agir de forma consistente com esse conhecimento. Como lembra Stephen Covey (2005), o verdadeiro protagonismo começa quando alinhamos nossos valores com nossas ações diárias, e tomamos decisões conscientes, mesmo diante de pressões externas ou internas.

A clareza de propósito e a definição de prioridades ajudam a fazer escolhas que refletem aquilo que realmente importa. Isso vale para o uso do tempo, da energia e também do dinheiro.

16.2 O Poder dos Pequenos Hábitos

Mudanças duradouras não acontecem da noite para o dia — e nem precisam. Pequenas escolhas repetidas com consistência geram grandes transformações. Segundo James Clear (2019), autor do ***best-seller Hábitos Atômicos***, "hábitos são o interesse composto da melhoria pessoal". Ou seja, ações minúsculas, feitas todos os dias, moldam quem nos tornamos.

Aplicando essa lógica à vida financeira, podemos pensar em atitudes como:

- Anotar os gastos diariamente;
- Refletir antes de comprar;
- Escolher uma prioridade financeira por semana;
- Estabelecer um ritual de revisão financeira mensal.

Mais do que focar em grandes metas, o foco está na criação de um sistema de decisões conscientes e sustentáveis.

16.3 A Técnica SMART: Metas Concretas e Alinhadas

Estabelecer metas claras ajuda a manter o foco e a motivação. Uma ferramenta simples e eficaz é o modelo **SMART**, que propõe que metas sejam:

Letra	Significado
S	**Específica** (***Specific***) – Definida claramente
M	**Mensurável** (***Measurable***) – Pode ser quantificada ou avaliada
A	**Atingível** (***Achievable***) – Realista dentro das possibilidades
R	**Relevante** (***Relevant***) – Alinhada com seus valores e propósitos

Letra	Significado
T	**Temporal** (***Time-bound***) – Com prazo para ser realizada

Fonte: DORAN, G. T. (1981).

Essa técnica pode ser aplicada tanto para pagar uma dívida, quanto para montar uma reserva de emergência ou mesmo aprender sobre investimentos.

16.4 Enfrentando os Desafios da Mudança

Mudar requer energia, paciência e resiliência. Segundo Prochaska e DiClemente (1983), a transformação pessoal passa por diferentes estágios: pré-contemplação, contemplação, preparação, ação e manutenção. Saber em que fase estamos nos ajuda a compreender nossos limites e respeitar nosso próprio ritmo. Por exemplo:

- Se você ainda evita olhar para suas finanças, talvez esteja na fase da pré-contemplação — e o primeiro passo seja apenas começar a observar seus hábitos.
- Se você já reconhece os erros e quer mudar, talvez esteja na contemplação — e o próximo passo seja buscar apoio, informação ou definir uma meta simples.

Respeitar esses estágios nos afasta da autocrítica paralisante e nos aproxima de mudanças mais sustentáveis.

16.5 Cuidado com a Autossabotagem

Por vezes, sabemos o que fazer, mas não fazemos. Não por preguiça ou falta de capacidade — mas por medo, insegurança, ou porque a mudança ativa crenças inconscientes como "não sou bom com dinheiro", "não consigo mesmo", "vai dar errado de novo". Ter consciência dessas vozes internas é o primeiro passo para não as deixar dirigir nossa vida financeira.

Como lembra James Clear, **"você não sobe ao nível dos seus objetivos — você cai ao nível dos seus sistemas"**. Por isso, é melhor construir sistemas funcionais do que depender apenas da motivação.

16.6 Para Refletir e Colocar em Prática:

- Que mudança financeira você gostaria de ver em sua vida nos próximos 30 dias?
- Qual hábito pequeno poderia iniciar hoje para contribuir com essa mudança?
- Quem pode te apoiar nessa jornada?

Lembre-se: transformar não é acertar sempre — é persistir, ajustar e continuar. O caminho é feito passo a passo, com consciência, gentileza e coragem.

Este capítulo é um convite à ação consciente. Agora que percorremos algumas ideias fundamentais para transformar nossa relação com o dinheiro, compartilho aqui um conjunto de reflexões e práticas que têm se mostrado eficazes ao longo da minha jornada profissional. São sugestões simples, mas poderosas, voltadas à organização das finanças, ao autoconhecimento e ao fortalecimento da saúde emocional e financeira. Ferramentas que podem ajudá-lo(a) a identificar onde você está, o que está funcionando e o que merece ajustes — com leveza, consciência e propósito.

16.7 Diagnóstico Pessoal

Ferramenta: Espelho Financeiro
Objetivo: Reconhecer com clareza como você lida com dinheiro hoje.

Como usar: Reserve um tempo tranquilo para responder perguntas como:

- Tenho clareza de quanto ganho e quanto gasto?
- Como me sinto ao falar ou pensar sobre dinheiro?
- Quais foram minhas maiores decisões financeiras e como me sinto em relaçao a elas?

  Esse exercício permite identificar padrões, crenças e emoções que influenciam sua vida financeira.

16.8 Planilha da Realidade

Ferramenta: Orçamento Consciente
Objetivo: Organizar entradas e saídas de forma simples, sem sofrimento.
Como usar:

- Liste todas as suas receitas mensais.
- Anote todos os gastos fixos e variáveis.
- Use categorias (moradia, transporte, saúde, lazer etc.) e mantenha o hábito semanalmente.
- Ao final do mês, reflita: **Onde posso ajustar sem "abrir mão" da minha qualidade de vida?**

16.9 Metas com Propósito

Ferramenta: Roteiro SMART
Objetivo: Definir objetivos financeiros alcançáveis e alinhados com seus valores.
Como usar:
Crie metas que sejam:

- **S** específicas (ex.: quitar cartão até dezembro),
- **M**ensuráveis (valor, prazo),
- **A**tingíveis (dentro da sua realidade),
- **R**elevantes (fazem sentido para você),

- Temporais (com prazo definido).

Exemplo de uma meta SMART:

“Economizar R$5.000 em 10 meses para fazer um curso de especialização”.
→ É específica, mensurável, atingível, relevante e tem um prazo definido.

16.10 Agenda da Consciência Financeira

Ferramenta: Diário das Decisões
Objetivo: Observar padrões emocionais nas decisões.
Como usar:
Durante uma semana, anote:

- Uma decisão financeira por dia.
- O que motivou a escolha.
- Como você se sentiu antes e depois.
- Se a decisão refletia seus valores ou apenas um impulso.
  No fim, analise o padrão.

16.11 Reunião com Você Mesmo

Ferramenta: ***Check-in*** Mensal
Objetivo: Criar o hábito de revisar suas finanças com leveza.
Como usar:

- Reserve uma hora por mês.
- Veja sua planilha.
- Reflita sobre suas decisões.
- Ajuste metas, se necessário.
- Celebre pequenas conquistas — isso fortalece a continuidade.

16.12 Alinhe Finanças e Valores

Ferramenta: Lista do Essencial
Objetivo: Evitar o consumo automático e cultivar escolhas com mais sentido.
Como usar:

- Escreva cinco valores pessoais que são importantes para você.
- Sempre que for comprar algo significativo, pergunte: **"Isso está alinhado com meus valores?"**
  Essa reflexão ajuda a transformar o consumo em algo mais consciente e satisfatório.

16.13 Práticas Simples para Criar Novos Hábitos

Ferramenta: Hábitos em Micropassos.
Objetivo: Quebrar a resistência da mudança.
Como usar:

- Comece com algo pequeno e sustentável (ex.: cinco minutos por dia olhando a planilha).
- Estabeleça um gatilho (ex.: toda segunda após o café).
- Comemore ao concluir.
  Mudanças consistentes nascem de pequenas repetições diárias.

16.14 Carta ao Futuro

Ferramenta: Visualização e Compromisso
Objetivo: Criar uma ponte entre quem você é hoje e quem deseja se tornar.
Como usar:

Escreva uma carta para você mesmo, com data futura (ex.: três anos). Fale sobre sua vida, suas conquistas financeiras, sua saúde emocional, sua rotina. Leia em voz alta. Releia de tempos em tempos. Isso reforça o compromisso com sua transformação.

Para Refletir

- O que você pode começar a mudar hoje, com os recursos que já tem?
- Que hábito simples pode ser seu primeiro passo em direção a uma vida mais equilibrada?
- De que forma o dinheiro pode ser um aliado — e não um vilão — na construção da sua melhor versão?

Espero, sinceramente, que as reflexões e ferramentas compartilhadas até aqui tenham contribuído com você de alguma forma — seja despertando novas ideias, reforçando o que já fazia sentido ou até provocando aquele primeiro passo em direção à mudança.

Que esse conteúdo tenha tocado mais do que a razão — que tenha alcançado o coração. E que, a partir daqui, sua relação com o dinheiro possa ser vivida com mais leveza, consciência e coerência com quem você é e com quem deseja se tornar.

No próximo e último capítulo, vamos costurar todos os aprendizados dessa jornada, destacando o que realmente importa quando o assunto é transformar — com significado — a forma como lidamos com nossas finanças e, principalmente, com a nossa vida.

Após refletirmos sobre práticas para a transformação pessoal e a construção de hábitos financeiros mais saudáveis, ampliamos agora o olhar para um outro campo igualmente desafiador: o mundo dos pequenos negócios. Afinal, as emoções e os vieses que moldam nossa relação individual com o dinheiro também influenciam profundamente a gestão financeira das micro e pequenas empresas. Vamos entender como?

Capítulo 17

Finanças Comportamentais nas Micro e Pequenas Empresas

As micro e pequenas empresas (MPEs) são a base da economia brasileira. Representam mais de 90% dos negócios no país, geram empregos, movimentam comunidades e são, muitas vezes, o sonho de vida de quem empreende. Por trás de cada CNPJ, há uma história pessoal, uma trajetória marcada por desafios, intuições, decisões difíceis e, não raro, muita emoção envolvida.

As micro e pequenas empresas (MPEs) representam a espinha dorsal da economia em diversos países, inclusive no Brasil. De acordo com o SEBRAE (2023), elas são responsáveis por aproximadamente 30% do Produto Interno Bruto (PIB) brasileiro e geram cerca de 55% dos empregos formais no país. De acordo com estudo do Banco do Nordeste (2022), as micro e pequenas empresas exercem papel fundamental no desenvolvimento econômico e na geração de empregos nas diversas regiões do Brasil, sendo consideradas motores locais de inovação e inclusão produtiva. Entretanto, apesar de sua relevância, a taxa de mortalidade de pequenos negócios ainda é alta — muitas vezes não apenas por fatores externos, mas também devido a decisões financeiras inadequadas, fortemente influenciadas por aspectos comportamentais. Soma-se a isso a frequente falta de preparo técnico em gestão, planejamento e finanças, que compromete a capacidade do empreendedor de interpretar corretamente o cenário, administrar recursos e construir estratégias sustentáveis para o negócio.

O empreendedor, especialmente no início da trajetória empresarial, assume múltiplos papéis: gestor, operador, financeiro, comercial e estratégico. Nesse ambiente de pressões constantes e alta incerteza, decisões rápidas precisam ser tomadas, o que naturalmente favorece o uso de heurísticas (atalhos mentais) e a exposição a vieses cognitivos.

Comportamentos emocionais, como otimismo excessivo, aversão à perda e procrastinação, aliados à falta de distinção entre finanças pessoais e empresariais, compõem um quadro típico em boa parte das pequenas empresas. Em muitos casos, a sobrevivência ou o crescimento sustentável de um negócio está menos relacionado com o capital inicial ou com o mercado, e mais com a capacidade do empreendedor de reconhecer e gerenciar suas próprias tendências emocionais e cognitivas.

Assim, ao longo deste capítulo, vamos explorar como as finanças comportamentais ajudam a explicar — e corrigir — muitos dos erros comuns na gestão financeira das MPEs. Vamos trazer exemplos práticos, sugestões de ferramentas e reflexões que podem fortalecer a sustentabilidade emocional e financeira dos pequenos negócios.

17.1 Decisões Empresariais sob Influência Emocional

Gerir uma micro ou pequena empresa é, para muitos empreendedores, uma extensão direta da sua história de vida, seus sonhos e seus medos. Nesse contexto, a influência das emoções nas decisões empresariais é profunda — e, muitas vezes, subestimada.

Ao lidar com incertezas constantes, cargas emocionais elevadas e pressão por resultados imediatos, é natural que o empreendedor seja impactado por alguns padrões emocionais e vieses comportamentais que comprometem a qualidade das decisões financeiras e estratégicas.

Entre os mais comuns, podemos destacar:

→ Excesso de Otimismo

É a tendência de superestimar os resultados positivos e subestimar os riscos. Empreendedores otimistas acreditam que seus negócios prosperarão rapidamente, mesmo diante de evidências contrárias. Isso pode levar a investimentos imprudentes, expansão precoce ou subavaliação de cenários adversos.

Exemplo: abrir uma nova unidade antes de consolidar a primeira, acreditando que "tudo dará certo" sem um planejamento financeiro estruturado.

→ Aversão à Perda

É o comportamento de evitar prejuízos a qualquer custo, mesmo quando mudanças ou decisões difíceis são necessárias. Muitos donos de negócios continuam apostando em produtos ou estratégias ineficientes simplesmente porque já investiram tempo e dinheiro neles.

Exemplo: insistir em um serviço pouco lucrativo para "não desperdiçar" o investimento inicial, mesmo que ele consuma recursos vitais da empresa.

→ Procrastinação (Viés da procrastinação)

Diante de decisões financeiras difíceis — como cortar despesas, renegociar dívidas ou reestruturar a empresa —, o adiamento se torna uma estratégia emocional inconsciente para evitar o desconforto imediato. No entanto, a postergação agrava os problemas ao longo do tempo.

Exemplo: adiar a revisão do fluxo de caixa ou a busca por novas fontes de receita até a situação financeira se tornar insustentável.

→ Confusão entre Finanças Pessoais e Empresariais (Viés de apropriação)

Um dos erros mais recorrentes nas MPEs é misturar contas pessoais e contas da empresa, enfraquecendo o controle financeiro e confundindo a real lucratividade do negócio.

Exemplo: utilizar o caixa da empresa para pagar despesas domésticas sem registros adequados, dificultando o acompanhamento correto da saúde financeira.

→ Viés do Controle Total e Decisões Solitárias

Muitos empreendedores, especialmente no início da jornada, acreditam que conseguem administrar todas as áreas do negócio, sozinhos. Esse comportamento pode gerar sobrecarga, falhas de análise e resistência a pedir ajuda externa.

Exemplo: não buscar apoio de consultores financeiros ou contadores, mesmo diante de sinais de dificuldades, por acreditar que «ninguém entende melhor do que eu».

Ao compreender como as emoções moldam as decisões empresariais, podemos dar um passo além: identificar os atalhos mentais e distorções de julgamento que surgem no dia a dia das micro e pequenas empresas. Conhecer esses vieses é essencial para aprimorar a consciência nas escolhas e construir uma gestão financeira mais sólida.

17.2 Vieses Cognitivos Mais Comuns no Dia a Dia das MPEs

No cenário dinâmico e desafiador das micro e pequenas empresas, o uso de heurísticas — atalhos mentais que ajudam a decidir rapidamente — é inevitável. Contudo, essas estratégias rápidas podem levar a vieses cognitivos, que distorcem o julgamento e comprometem a eficácia das decisões. Abaixo, destacamos alguns dos vieses mais frequentes nesse contexto:

→ Ancoragem em Preços Anteriores

Ao definir preços ou avaliar novos investimentos, é comum o empreendedor se fixar em números de referência antigos, mesmo que as condições de mercado tenham mudado.

Exemplo: continuar cobrando o mesmo preço de um serviço sem considerar inflação, aumento de custos ou mudanças de posicionamento no mercado.

→ Efeito Halo com Fornecedores ou Clientes

Uma impressão positiva sobre um fornecedor ou cliente (por exemplo, simpatia ou "boa aparência") pode levar a decisões financeiras pouco racionais, como aceitar prazos ruins ou condições menos vantajosas.

Exemplo: manter um fornecedor apenas pela boa relação pessoal, apesar de preços ou prazos desvantajosos para o negócio.

→ *Status Quo* na Precificação e nos Processos

A tendência a manter os preços, produtos e processos da mesma forma apenas porque "sempre foi assim", mesmo que isso não traga mais resultados efetivos.
Exemplo: resistir a ajustar o mix de produtos ou a reformular o serviço, mesmo diante de mudanças claras no comportamento dos consumidores.

→ Ilusão de Controle e Excesso de Autoconfiança

É comum o empreendedor acreditar que pode prever ou controlar todas as variáveis do negócio apenas com sua experiência ou intuição, desconsiderando dados objetivos ou sinais de mudança no mercado.

Exemplo: recusar análises financeiras mais profundas ou pesquisas de mercado por achar que "já conhece o cliente" o suficiente.

17.3 Comportamento Financeiro e Fluxo de Caixa

O fluxo de caixa é o coração financeiro de uma micro ou pequena empresa. Ele revela a saúde real do negócio — muito além do lucro no papel ou das vendas do mês. No entanto, diversos comportamentos e vieses cognitivos podem comprometer a gestão eficiente do fluxo de caixa, levando a desequilíbrios que, muitas vezes, são silenciosos e progressivos.

Aqui estão algumas armadilhas comportamentais comuns:

→ Impacto das Decisões Impulsivas (Viés de impulsividade)

Em momentos de entusiasmo (por exemplo, após fechar um bom contrato) ou pressão (em tentativas de "salvar o mês"), o empreendedor pode tomar decisões impulsivas de gasto ou investimento, sem uma análise mais ampla.

Exemplo: comprar equipamentos caros sem planejamento ou contratar novos funcionários sem considerar o impacto no fluxo de caixa a médio prazo.

→ Subestimar Despesas Invisíveis ou Sazonais (Viés da negligência do planejamento)

Muitos empresários focam apenas nas despesas fixas mensais (como aluguel e salários) e subestimam custos sazonais (como 13º salário, impostos anuais, manutenções) ou pequenas despesas recorrentes que, somadas, corroem a margem de lucro.

Exemplo: esquecer de provisionar recursos para o pagamento do IPVA da frota ou para o reajuste do aluguel comercial.

→ **Resistência a Controles Financeiros (Viés da evitação)**

Por considerarem o controle financeiro algo "burocrático", "complicado" ou mesmo "desnecessário", muitos empreendedores adiam a criação de planilhas, sistemas de gestão ou o hábito de revisar suas finanças regularmente.

Exemplo: manter o controle financeiro apenas na cabeça ou em anotações soltas, sem registros claros, dificultando a tomada de decisão consciente.

17.4 Tomada de Decisão e Planejamento

No cotidiano das micro e pequenas empresas, tomar decisões rápidas é inevitável. Desde a escolha de um novo fornecedor até a decisão de investir em expansão, o empreendedor precisa agir mesmo sob pressão, incerteza e informações incompletas. É aí que entram as heurísticas — os atalhos mentais que, se bem utilizados, podem ajudar, mas se usados de forma inconsciente, podem levar a erros graves.

→ **Quando as Heurísticas Ajudam**

Alguns atalhos mentais são valiosos na rotina empreendedora:

- **Experiência prévia:** Um empreendedor que já enfrentou crises anteriores pode, intuitivamente, identificar oportunidades ou riscos sem precisar de análises extensas.

- **Reconhecimento de padrões:** Saber que certos clientes sempre atrasam pagamentos ou que determinados meses são mais fracos em vendas ajuda a planejar com mais agilidade.

Nesses casos, a intuição baseada em vivência pode ser uma aliada poderosa.

→ Quando as Heurísticas Prejudicam

Por outro lado, confiar cegamente em intuições pode levar a:

- **Superestimação de sucesso:** Investir em novos produtos ou expansão apenas porque "já deu certo no passado", sem considerar mudanças no mercado.
- **Subestimação de riscos:** Ignorar sinais de alerta ou dados concretos, acreditando apenas no ***feeling***.

Quando o sistema automático de decisões prevalece sem a devida análise crítica (o chamado Sistema 1 de pensamento, segundo Kahneman), o risco de erros aumenta.

17.5 A Importância da Visão de Longo Prazo

O imediatismo é um dos principais inimigos do pequeno empreendedor. Pressionado pelas demandas diárias, é comum que ele se concentre apenas em "pagar as contas do mês", negligenciando a necessidade de planejamento estratégico e financeiro de médio e longo prazo.

Visão de longo prazo significa:

- Estabelecer objetivos claros e realistas.
- Avaliar investimentos não apenas pelo custo imediato, mas pelo retorno futuro.
- Construir reservas financeiras para períodos de instabilidade.
- Planejar o crescimento de maneira sustentável, evitando dívidas imprudentes.

Reflexão:
Tomar boas decisões no presente exige, muitas vezes, a coragem de priorizar o futuro sobre a gratificação imediata.

17.6 Ferramentas e Sugestões Práticas

Compreender as armadilhas emocionais e cognitivas é apenas o primeiro passo. Para transformar conhecimento em ação, é essencial adotar práticas simples, que ajudem o empreendedor a tomar decisões mais conscientes e a fortalecer a saúde financeira do seu negócio.

Aqui estão algumas ferramentas práticas que podem ser aplicadas no dia a dia das micro e pequenas empresas:

1. Diário de Decisões Financeiras

Objetivo: Aumentar a consciência sobre padrões de decisão.
Como usar:

- Anote as decisões financeiras tomadas na semana (ex.: compra de materiais, contratação de serviços, investimentos).
- Registre:
    - Motivo da decisão (impulso, necessidade, influência externa?).
    - Emoções presentes no momento.
    - Expectativa de resultado.
    - Resultado real após um tempo.

Benefício: Ajuda a identificar se as decisões estão sendo tomadas de forma racional ou emocional, permitindo ajustes ao longo do tempo.

2. Mapa de Emoções na Rotina do Empreendedor

Objetivo: Reconhecer como emoções impactam a gestão financeira.

Como usar:

- Escolha três momentos do dia para refletir: manhã, tarde e noite.
- Pergunte-se:
  - Como estou me sentindo agora?
  - Esta emoção pode impactar alguma decisão de hoje?
  - Preciso adiar alguma decisão importante para outro momento?

Benefício: Reduz o risco de decisões precipitadas e melhora o equilíbrio emocional.

3. Planejamento Consciente com Metas SMART e Reflexão Mensal

Objetivo: Direcionar esforços para objetivos claros e mensuráveis.

Como usar:

- Defina metas SMART (Específicas, Mensuráveis, Atingíveis, Relevantes e Temporais).
- Ao final de cada mês, avalie:
  - Quais metas avancei?
  - Onde travei?
  - O que posso ajustar?

Benefício: Cria disciplina, aumenta a motivação e traz clareza sobre o crescimento do negócio.

Essas práticas simples, mas consistentes, ajudam o empreendedor a alinhar emoção, razão e propósito no dia a dia da gestão financeira.

Gerir uma micro ou pequena empresa é uma jornada repleta de desafios, aprendizados e, principalmente, escolhas diárias. Não basta apenas dominar técnicas financeiras ou conhecer profundamente o seu produto ou serviço: é fundamental reconhecer que emoções, heurísticas e vieses cognitivos também habitam o dia a dia do empreendedor.

Ao trazer a luz das finanças comportamentais para o universo dos pequenos negócios, abrimos espaço para uma gestão mais consciente, madura e alinhada com a realidade. Saber que, muitas vezes, não é a falta de capacidade técnica ou de boas ideias que ameaça a sustentabilidade financeira — mas sim padrões emocionais não reconhecidos — é um poderoso convite à mudança.

O equilíbrio entre emoção, intuição e dados concretos é o que diferencia negócios que apenas sobrevivem daqueles que prosperam.

A inteligência emocional na gestão financeira não é um luxo: é uma competência estratégica.

Que este capítulo inspire pequenos empresários a se conhecerem melhor, a valorizarem o planejamento consciente e a enxergarem no autoconhecimento um poderoso aliado para a construção de negócios mais saudáveis, duradouros e realizados em seus propósitos.

Porque, no final, uma empresa financeiramente saudável é reflexo de uma mente também mais consciente, confiante e em equilíbrio.

Assim, encerramos nossa jornada pelos inúmeros caminhos em que o comportamento humano se entrelaça com as finanças, seja na vida pessoal, na sociedade ou na gestão de pequenos negócios. Agora, ao final deste percurso, é hora de refletirmos juntos sobre o que realmente significa "entender finanças comportamentais" — e como transformar esse entendimento em escolhas mais conscientes, equilibradas e alinhadas com os nossos propósitos.
Vamos juntos para a conclusão desta caminhada.

Considerações Finais

Dinheiro é sobre escolhas. Escolhas são sobre pessoas. Pessoas são sobre comportamentos. — Sandro Costa Gonçalves

Entender finanças comportamentais não é um bicho de sete cabeças. Chegamos ao final desta caminhada.

Ao longo dos capítulos, percorremos as raízes históricas das finanças comportamentais, compreendemos como mente, emoções, hábitos e contextos moldam nossas decisões financeiras, exploramos conceitos como vieses cognitivos, heurísticas, comportamento de mercado, escolhas intertemporais e tantos outros aspectos que influenciam a forma como lidamos com o dinheiro — seja no âmbito pessoal, empresarial ou social.

Descobrimos que **finanças não são apenas números — são comportamentos.** E que por trás de cada compra, dívida, investimento ou economia, existe um ser humano em busca de sentido, equilíbrio, pertencimento ou liberdade.

Refletimos também sobre temas profundos: a busca pela felicidade, a espiritualidade, o impacto das decisões financeiras no meio ambiente e na construção de um futuro mais sustentável.

Entendemos **que dinheiro é mais do que números: é sobre escolhas, sobre pessoas, sobre comportamentos.**

Se há uma mensagem essencial que este livro deseja deixar é: Nossas finanças são, antes de tudo, uma extensão de quem somos — com nossas crenças, valores, esperanças e, também, nossas vulnerabilidades.

Compreender finanças comportamentais não significa eliminar erros ou atingir uma racionalidade perfeita. Significa desenvolver consciência, praticar autoconhecimento e usar o aprendizado para construir uma vida financeira mais equilibrada, ética e alinhada com os nossos propósitos.

Transformação não acontece da noite para o dia. Ela nasce em pequenos movimentos: um pensamento revisto, uma decisão reconsiderada, um novo hábito cultivado com gentileza e perseverança.

Este livro nasceu com o propósito de mostrar que **"entender finanças comportamentais não é um bicho de sete cabeças."** Pelo contrário: é uma jornada possível, humana, acessível — e absolutamente necessária para quem deseja tomar decisões mais conscientes e viver com mais liberdade.

Ele não teve a intenção de entregar respostas definitivas, mas de provocar boas perguntas. Porque são elas que movem nossa reflexão e abrem espaço para novas possibilidades.

Que este conteúdo continue reverberando dentro de você. Que cada reflexão e percepção possa se transformar em atitude. Que cada atitude gere transformação. E que essa transformação vá além das finanças — que toque sua vida como um todo.

Lembre-se sempre:
Toda pequena escolha consciente planta a semente de uma grande transformação.

Por isso, termino este livro com um convite:

Que você use o conhecimento aqui compartilhado **não como um peso a carregar**, mas como **uma ferramenta a seu favor**.

Que você se permita **errar menos, aprender mais** e, sobretudo, **escolher melhor** — consciente de que toda pequena escolha, no presente, molda a grande vida que queremos construir no futuro.

Porque, no final das contas:
Dinheiro é sobre escolhas.
Escolhas são sobre pessoas.
E pessoas são sobre comportamentos.

Muito obrigado por compartilhar este caminho comigo, por ter feito parte desta jornada. Que sua trajetória seja repleta de decisões mais conscientes, mais humanas — e, acima de tudo, mais suas.

Com respeito, admiração e propósito.
Deixo você com uma última reflexão...

Finanças não são apenas números: são histórias, emoções e decisões. Quem aprende a governar seu comportamento governa sua vida financeira.

Entender finanças comportamentais não é um bicho de sete cabeças — e esta jornada comprovou isso. Ao longo do livro, vimos que nossas decisões financeiras são moldadas não apenas por números, mas também por pensamentos, emoções, hábitos e contextos. Para consolidar essa visão, compartilho a seguir uma definição construída especialmente para esta obra: uma síntese que traduz de forma simples, humana e profunda o que realmente significa falar de finanças comportamentais.

Finanças comportamentais são o campo de estudo que integra a Economia, a Psicologia e a gestão de emoções para compreender como pensamentos, sentimentos, crenças, hábitos e contextos moldam as decisões financeiras das pessoas e organizações.

Mais do que números, elas tratam do comportamento humano diante do dinheiro, revelando que escolhas financeiras são profundamente influenciadas por heurísticas mentais (atalhos), vieses cognitivos (distorções), emoções e inconsciente.

A essência das finanças comportamentais está em reconhecer que a racionalidade pura raramente guia nossas escolhas monetárias — e que aprender a lidar com nossos próprios padrões internos é tão importante quanto dominar técnicas financeiras tradicionais.

Entender finanças comportamentais é entender a si mesmo: é perceber que transformar a relação com o dinheiro é, antes de tudo, um caminho de autoconhecimento, consciência e propósito.

Como você definiria sua própria relação com o dinheiro?

O que mais marcou a sua percepção ao longo deste livro?
Quais padrões, emoções ou crenças você reconheceu em sua história financeira?
Se pudesse criar sua própria definição de finanças comportamentais baseada na sua vivência, como seria?

Anote. Reflita. Releia.
Porque, no fim, o verdadeiro poder das finanças comportamentais é este: fazer com que você seja o autor da sua própria transformação.

Referências Bibliográficas

ARIELY, Dan. ***Previsivelmente irracional: as forças ocultas que moldam nossas decisões***. Rio de Janeiro: Campus, 2008.

ARIELY, Dan; KREISLER, Jeff. ***A psicologia do dinheiro: descubra como as emoções influenciam nossas escolhas financeiras e aprenda a tomar decisões mais inteligentes***. Rio de Janeiro: Sextante, 2019.

BANCO CENTRAL DO BRASIL. ***Educação financeira: resultados da Pesquisa Nacional de Letramento Financeiro – 2024***. Brasília: BACEN, 2024. Disponível em: https://www.bcb.gov.br. Acesso em: 18 abr. 2025.

BANCO CENTRAL DO BRASIL. ***Índice de Saúde Financeira do Brasileiro (I-SFB): Resultados do 1º trimestre de 2024***. Brasília: BACEN, 2024. Disponível em: https://www.bcb.gov.br. Acesso em: 18 abr. 2025.

BANCO CENTRAL DO BRASIL; ANBIMA – ASSOCIAÇÃO BRASILEIRA DAS ENTIDADES DOS MERCADOS FINANCEIRO E DE CAPITAIS. ***Raio X do investidor brasileiro 2023***. São Paulo: ANBIMA, 2023. Disponível em: https://www.anbima.com.br/pt_br/informar/pesquisas/raio-x-do-investidor-brasileiro.htm. Acesso em: 18 abr. 2025.

BANCO DO NORDESTE DO BRASIL. ***O papel das micro e pequenas empresas no desenvolvimento regional***. 2022. Disponível em: https://www.bnb.gov.br/s482-dspace/bitstream/123456789/1167/1/2022_INET_01.pdf. Acesso em: 23 abr. 2025.

BAUMAN, Zygmunt. ***Vida líquida***. Rio de Janeiro: Zahar, 2008.

BRASIL. Comissão de Valores Mobiliários. ***CVM Comportamental: publicações educacionais***. Disponível em: https://www.gov.br/investidor/pt-br/educacional/publicacoes-educacionais/cvm-comportamental. Acesso em: 22 abr. 2025.

BRASIL. Comissão de Valores Mobiliários. ***Estresse financeiro: causas, consequências e estratégias de enfrentamento***. Disponível em: https://www.gov.br/investidor/pt-br/penso-logo-invisto/estresse-financeiro-causas-consequencias-e-estrategias-de-enfrentamento. Acesso em: 22 abr. 2025.

BRASIL. ***Objetivos de desenvolvimento sustentável***. Disponível em: https://odsbrasil.gov.br/. Acesso em: 22 abr. 2025.

CIALDINI, Robert B. ***As armas da persuasão 2.0: a nova edição do clássico sobre a arte de influenciar pessoas***. Rio de Janeiro: Sextante, 2022.

CLASON, George S. ***O homem mais rico da Babilônia***. São Paulo: HarperCollins Brasil, 2018.

CLEAR, James. ***Hábitos atômicos: um método fácil e comprovado de criar bons hábitos e se livrar dos maus***. Rio de Janeiro: Objetiva, 2019.

COMISSÃO DE VALORES MOBILIÁRIOS (Brasil). ***CVM Comportamental. Publicações Educacionais***. Disponível em: https://www.gov.br/investidor/pt-br/educacional/publicacoes-educacionais/cvm-comportamental. Acesso em: 22 abr. 2025.

CONFEDERAÇÃO NACIONAL DO COMÉRCIO DE BENS, SERVIÇOS E TURISMO (CNC). ***Endividamento das famílias brasileiras cai para 78,5% em julho***. Agência Brasil, 2024. Disponível em: https://agenciabrasil.ebc.com.br/economia/noticia/2024-08/endividamento-das-familias-brasileiras-cai-para-785--em-julho. Acesso em: 19 abr. 2025.

COVEY, Stephen R. ***Os 7 hábitos das pessoas altamente eficazes***. Rio de Janeiro: BestSeller, 2005.

DAMÁSIO, António R. ***O erro de Descartes: emoção, razão e o cérebro humano***. São Paulo: Companhia das Letras, 1996.

DORAN, George T. Existe uma maneira INTELIGENTE de escrever metas e objetivos de gestão. ***Management Review***, v. 70, n. 11, p. 35–36, 1981.

DUNN, Elizabeth; NORTON, Michael. Spending money on others promotes happiness. ***Science***, v. 319, n. 5870, p. 1687-1688, 2008. Disponível em: https://doi.org/10.1126/science.1150952. Acesso em: 22 abr. 2025.

DURMUS, Murat. ***Cognitive Biases – A Brief Overview of Over 160 Cognitive Biases***. [S.l.]: Independently published, 2022.

DWECK, Carol S. ***Mindset: a nova psicologia do sucesso***. São Paulo: Objetiva, 2017.

GIDDENS, Anthony. ***A terceira via: reflexões sobre o impasse político atual***.

Rio de Janeiro: Record, 1999.

GOLEMAN, Daniel. ***Inteligência emocional***. Rio de Janeiro: Objetiva, 1995.

GONÇALVES, Sandro Costa. A dificuldade de articulação e aplicação prática dos cálculos financeiros e pensamento estratégico no ensino superior: um estudo sobre as percepções em relação aos alunos. ***CONVIBRA - Congresso Virtual Brasileiro em Administração***, 2024. Disponível em: https://convibra.org/congresso/administracao/publicacao/. Acesso em: 19 abr. 2025.

GONÇALVES, Sandro Costa. A importância da educação e mentalidade financeira: a interseção entre inteligência emocional e inteligência financeira. ***CONVIBRA - Congresso Virtual Brasileiro em Administração***, 2024. Disponível em: https://convibra.org/congresso/administracao/publicacao/. Acesso em: 26 abr. 2025.

GONÇALVES, Sandro Costa. A influência da espiritualidade no ambiente corporativo: conexões com os Objetivos de Desenvolvimento Sustentável. ***ENGEMA - Encontro Internacional sobre Gestão Empresarial e Meio Ambiente da FEA/USP – Faculdade de Economia, Administração e Contabilidade da Universidade de São Paulo***, São Paulo, 2024. Disponível em: https://engemausp.submissao.com.br/26/anais/resumo.php?cod_trabalho=204. Acesso em: 22 abr. 2025.

GONÇALVES, Sandro Costa. A lacuna entre conhecimento e ação: a influência das emoções e comportamentos na tomada de decisões financeiras e estratégicas. ***CONVIBRA - Congresso Virtual Brasileiro em Gestão, Educação e Promoção da Saúde***, 2024. Disponível em: https://convibra.org/publicacao/29102/. Acesso em: 19 abr. 2025.

GONÇALVES, Sandro Costa. Sinergias entre educação financeira, empreendedorismo e sustentabilidade: uma proposta de extensão acadêmica. ***ENGEMA - Encontro Internacional sobre Gestão Empresarial e Meio Ambiente da FEA/USP – Faculdade de Economia, Administração e Contabilidade da Universidade de São Paulo***, São Paulo, 2024. Disponível em: https://engemausp.submissao.com.br/26/anais/resumo.php?cod_trabalho=69. Acesso em: 26 abr. 2025.

HAN, Byung-Chul. ***Sociedade do cansaço***. Petrópolis: Vozes, 2015.

HIDRI, J. S. **The Gross National Happiness (GNH) of Bhutan**. ***Journal of Bhutan Studies***, v. 20, n. 1, p. 1-12, 2009. Disponível em: https://www.bhutanstudies.org.bt/publicationFiles/journal/1/The%20Gross%20National%20Happiness%20(GNH)%20of%20Bhutan.pdf. Acesso em: 22 abr. 2025.

HOUSEL, Morgan. ***A psicologia financeira: lições atemporais sobre fortuna, ganância e felicidade***. Rio de Janeiro: HarperCollins Brasil, 2021.

INSTITUTO BRASILEIRO DE GEOGRAFIA E ESTATÍSTICA (IBGE). ***Por que as finanças são motivo de divórcio de tantos casais? Vida Simples***, 2023. Disponível em: https://vidasimples.co/dinheiro/por-que-as-financas-sao-motivo-de-divorcio-de-tantos-casais/. Acesso em: 19 abr. 2025.

KAHNEMAN, Daniel. ***Rápido e devagar: duas formas de pensar***. Rio de Janeiro: Objetiva, 2012.

KAHNEMAN, Daniel; DEATON, Angus. **High income improves evaluation of life but not emotional well-being**. ***Proceedings of the National Academy of Sciences of the United States of America***, v. 107, n. 38, p. 16489-16493, 2010. Disponível em: https://doi.org/10.1073/pnas.1011492107. Acesso em: 22 abr. 2025.

KAHNEMAN, Daniel; TVERSKY, Amos. Teoria da perspectiva: uma análise da decisão sob risco. ***Econometrica***, Evanston, v. 47, n. 2, p. 263–291, março de 1979.

LYUBOMIRSKY, S.; SHELDON, K. M.; SCHKADE, D. Pursuing happiness: The architecture of sustainable change. ***Review of General Psychology***, Washington, v. 9, n. 2, p. 111–131, 2005. DOI: 10.1037/1089-2680.9.2.111.

MANKIW, N. Gregory. ***Introdução à economia***. São Paulo: Cengage Learning, 2014.

MARTINEZ, Alexandre; ZAMBALDI, Felipe. ***Finanças comportamentais: decisões de consumo, crédito e poupança***. São Paulo: Atlas, 2016.

MARTINS, Gustavo Ferreira. ***Gatilhos mentais: o guia completo com estratégias de negócios e comunicações provadas para você aplicar***. São Paulo: Independente, 2020.

MASLOW, Abraham H. ***Motivação e personalidade***. São Paulo: Harper & Row do Brasil, 1975.

MORIN, Edgar. ***Os sete saberes necessários à educação do futuro***. 11. ed. São Paulo: Cortez; Brasília, DF: UNESCO, 2004.

MULLAINATHAN, Sendhil; SHAFIR, Eldar. ***Escassez: uma nova forma de pensar a falta de recursos na vida das pessoas, das organizações e dos governos***. Rio de Janeiro: Sextante, 2015.

NAÇÕES UNIDAS (ONU). ***Transformando nosso mundo: a Agenda 2030 para o Desenvolvimento Sustentável***. Disponível em: https://sdgs.un.org/2030agenda. Acesso em: 22 abr. 2025.

NUNES, José Mauro da Costa. ***Psychonomics: como o funcionamento da mente ajuda a definir nosso comportamento consumidor***. Rio de Janeiro: Elsevier, 2008.

ORGANIZAÇÃO MUNDIAL DA SAÚDE. ***Informe mundial de saúde mental: transformar a saúde mental para todos***. Brasília: Ministério da Saúde, 2022. Disponível em: https://bvsms.saude.gov.br/oms-divulga-informe-mundial-de-saude-mental-transformar-a-saude-mental-para-todos. Acesso em: 18 abr. 2025.

ORGANIZAÇÃO PAN-AMERICANA DA SAÚDE (OPAS). ***Depressão***. Disponível em: https://www.paho.org/pt/topicos/depressao. Acesso em: 19 abr. 2025.

PROCHASKA, James O.; DICLEMENTE, Carlo C. ***Changing for good: the revolutionary program that explains the six stages of change and teaches you how to free yourself from bad habits***. New York: William Morrow, 1994.

PROCHASKA, James O.; DICLEMENTE, Carlo C. Stages and processes of self-change of smoking: toward an integrative model of change. ***Journal of Consulting and Clinical Psychology***, Washington, v. 51, n. 3, p. 390–395, 1983.

SCHWARTZ, Barry. ***O paradoxo da escolha: por que mais é menos***. Rio de Janeiro: Ediouro, 2004.

SEBRAE. ***Confira os grandes números dos pequenos negócios no Brasil***. 2023. Disponível em: https://agenciasebrae.com.br/dados/confira-os-grandes-numeros-dos-pequenos-negocios-no-brasil/. Acesso em: 23 abr. 2025.

SEN, Amartya. ***Desenvolvimento como liberdade***. São Paulo: Companhia das Letras, 2000.

SENADO FEDERAL. ***Ansiedade e depressão são os principais vilões da saúde mental. Agência Senado***, 2023. Disponível em: https://www12.senado.leg.br/institucional/sis/noticias-comum/ansiedade-e-depressao-sao-os-principais-viloes-da-saude-mental. Acesso em: 19 abr. 2025.

SENGE, Peter. ***A quinta disciplina: arte e prática da organização que aprende***. São Paulo: BestSeller, 2006.

SERVIÇO BRASILEIRO DE APOIO ÀS MICRO E PEQUENAS EMPRESAS – SEBRAE. ***Sobrevivência das empresas no Brasil***. Brasília: SEBRAE, 2020. Disponível em: https://datasebrae.com.br/sobrevivencia-das-empresas. Acesso em: 18 abr. 2025.

SHEFRIN, Hersh. ***Behavioral corporate finance: decisions that create value***. New York: McGraw-Hill, 2006.

SHEFRIN, Hersh. ***Beyond greed and fear: understanding behavioral finance and the psychology of investing***. Boston: Harvard Business School Press, 2000.

SHILLER, Robert J.; AKERLOF, George A. ***O espírito animal: como a psicologia humana impulsiona a economia, e por que isso importa para o capitalismo global***. Rio de Janeiro: Campus, 2010.

SMITH, Adam. ***A riqueza das nações: investigação sobre sua natureza e suas causas***. São Paulo: Nova Cultural, 1996. (Coleção Os Pensadores).

SOFT skills: ***competências essenciais para os novos tempos***. São Paulo: Literare Books International, 2021.

STATMAN, Meir. ***Finance for normal people: how investors and markets behave***. New York: Oxford University Press, 2017

THALER, Richard H. ***Mau comportamento: a construção da economia comportamental***. Nova Iorque: WW Norton & Company, 2015.

THALER, Richard H.; SUNSTEIN, Cass R. ***Nudge: o empurrão para a escolha certa***. São Paulo: Objetiva, 2009.

TVERSKY, Amos; KAHNEMAN, Daniel. Judgment under uncertainty: heuristics and biases. ***Science***, v. 185, n. 4157, p. 1124–1131, 1974.

WIGGLESWORTH, Cindy. ***As 21 habilidades da inteligência espiritual***. São Paulo: Vida Melhor, 2014.

YUNUS, Muhammad. ***Um mundo sem pobreza: a empresa social e o futuro do capitalismo***. São Paulo: Ática, 2008.

Impressão e acabamento
Gráfica da Editora Ciência Moderna Ltda.
Tel: (21) 2201-6662